SOCIÉTÉ

POUR LA

PROPAGATION DE L'ÉDUCATION LIBRE

MANUEL

CHRONOLOGIQUE

PARIS

AU SIÈGE DE LA SOCIÉTÉ, 25, RUE LEPIC

ET CHEZ TOUS LES LIBRAIRES

1877

MANUEL CHRONOLOGIQUE

Prière aux professeurs, instituteurs et institutrices de signaler à la Société les erreurs, les fautes et les omissions importantes qui peuvent les frapper dans cette première édition, afin que, grâce au concours de tous, ce Manuel réponde de mieux en mieux, dans ses éditions ultérieures, à l'objet élevé qu'il se propose.

Paris. — Typ. RINUY, rue Davy, 56.
Ecole professionnelle

SOCIÉTÉ

POUR LA

PROPAGATION DE L'ÉDUCATION LIBRE

MANUEL CHRONOLOGIQUE

PARIS

AU SIÉGE DE LA SOCIÉTÉ, 25, RUE LEPIC

ET CHEZ TOUS LES LIBRAIRES

1877

A LA MÉMOIRE

DU BON ET SAVANT DOCTEUR

ACHILLE GUILLARD

SES COLLÈGUES RECONNAISSANTS

DÉDIENT CE LIVRE DONT IL A TRAC

LE PLAN ET ÉCRIT LES PARTIES

LES PLUS IMPORTANTES.

MANUEL CHRONOLOGIQUE

POUR LES

ÉTUDES D'HISTOIRE GÉNÉRALE

INTRODUCTION

§ 1. — Objet de l'histoire. Son importance morale.

L'histoire a pour objet de conserver le souvenir des phases diverses par lesquelles l'Humanité a passé.

Le but des études historiques est de connaître l'homme, et avec lui l'origine et les progrès des arts et de la société.

L'étude de l'histoire ne peut conduire à la connaissance de l'homme qu'autant que chacun y joint **l'étude de soi-même**, qui est la condition de toute connaissance naturelle et vraie.

Quels ont été les progrès des arts chez les nations et aux différentes périodes de leur histoire?

Quels ont été les progrès de la société? Ont-ils été continus ou intermittents, avec ou sans rétrogradation?

Quelles causes peut-on assigner à tous ces phénomènes?

Voilà les questions, d'une importance capitale, que l'étude de l'histoire a pour but de résoudre, et dont chaque homme doit être sérieusement préoccupé. Car, outre l'intérêt personnel que chacun de nous a de savoir ce qu'il en est, nous avons, par rapport aux autres, le devoir de travailler, pour notre part, selon nos facultés, au bonheur de nos semblables, et à l'amélioration de la société, dont nous sommes les membres et à laquelle nous devons tout. C'est un devoir imprescriptible de reconnaissance et de solidarité.

§ 2. — Les sources de l'histoire.

Les sources principales de l'histoire sont :

Dans le SOL, qui accueille et recèle tous les débris des âges successifs ;

Dans les MONUMENTS, qui rappellent aux yeux de la postérité les faits mémorables des ancêtres ;

Dans les TRADITIONS, que les générations se transmettent de bouche en bouche ;

Dans les LANGUES, qui témoignent de la filiation des races;

Dans les LIVRES, qui devraient être la représentation sincère et fidèle de toutes les autres sources de l'histoire.

On a longtemps méconnu l'immense richesse des renseignements historiques que devait fournir l'étude du sol terrestre. C'est depuis peu d'années seulement que des fouilles, poussées avec une infatigable persévérance, d'abord en France, en Suisse et en Angleterre, puis dans presque tous les pays, ont enfin ouvert les yeux des savants et créé la science de la vie antique (paléontologie, archéologie).

Les observations astronomiques, faites par les Chaldéens et par les Égyptiens dès une très-haute antiquité, concourent à vérifier les dates inscrites sur leurs monuments ou rapportées par leurs historiens.

§ 3. — Coup d'œil sur l'histoire de la terre.

Avant d'entrer dans l'histoire des hommes, il est bon, à l'exemple de Moïse, de tracer sommairement l'histoire de la terre, d'où ils sont sortis, qui les porte et qui les nourrit.

La terre est l'une des cent et quelques planètes qui tournent autour de notre soleil et dans sa sphère d'attraction.

Elle est enveloppée d'une atmosphère (d'air et de vapeur) qui a au moins 100 kilometres de haut.

Pour entretenir la vie animale, il est nécessaire que l'air contienne environ 20 pour cent de gaz oxigène.

La terre est un globe igné, ellipsoïde, primitivement fluide, dont la chaleur centrale est évaluée à plus de 4 000 degrés thermométriques, et dont la surface s'est successivement refroidie et solidifiée.

On est averti de la chaleur intérieure par les volcans, qui se sont fait jour en presque toutes les contrées de la terre, et qui étaient autrefois beaucoup plus nombreux qu'aujourd'hui.

On en juge encore par ce fait qu'un thermometre, plongé dans le sol en quelque lieu que ce soit, s'élève d'un degré centigrade par 33 metres de profondeur; d'où il suit qu'en admettant que cette élévation du thermometre soit toujours la même à mesure que l'on descend davantage, on doit trouver 1 500 degrés (température du fer fondu) à 50 kilometres de profondeur.

Ainsi, le rayon de la terre étant de 6436 kilometres, la croûte solidifiée n'atteint pas un centième de ce rayon.

Dans son état incandescent, le globe, entouré d'air saturé de vapeur d'eau, réalisait à la lettre les *quatre éléments* que les physiciens antiques regardaient comme composant toutes les choses terrestres: la *terre*, le *feu*, l'*air* et l'*eau*, en prenant pour terre le noyau central.

* * *

Comment est-on parvenu à se représenter les divers états par lesquels notre globe a passé, et à deviner les révolutions qu'il a subies sous l'action incessante des siècles? C'est en observant ce qui se passe actuellement sur la terre, et en étudiant assidûment les phénomènes naturels. Par ces observations et par ces études, on a pu arriver à connaître les lois générales qui régissent notre monde, et qui certainement l'ont régi dès le commencement. L'histoire primitive nous a été dévoilée surtout par les fouilles que l'on a faites dans l'écorce de la terre: on a recherché et reconnu les couches nombreuses qui se sont déposées successivement à sa surface, leur situation respective, leur composition minérale, et les êtres organisés, végétaux et animaux, dont les restes y sont enfermés et conservés. C'est ainsi que la chronologie du globe terrestre a pu être instituée.

C'est aussi par ces travaux (dont une très grande partie ne date que de notre siècle, disons même de notre génération) que l'on a pu vérifier les traditions qui ont conservé étonnamment certains souvenirs de l'Humanité primitive, et que l'on a pu attribuer leur part de vérité aux chants des vieux poètes (Orphée, Hésiode, Homère, Lucrèce) et aux systèmes des philosophes.

On a appris ainsi à respecter ces traditions plus qu'on ne faisait auparavant. Au lieu de les rejeter en masse, sous prétexte que les nations s'attribuaient une antiquité fabuleuse, on a vu cette antiquité confirmée par la géologie, et l'on s'est appliqué à retirer, de dessous les mythologies qui les défiguraient, les faits réels, transmis avec persistance de générations en générations.

Le sol et les traditions, ces deux sources d'informations, épurées l'une par l'autre, ont aidé d'un autre côté à l'intelligence des livres les plus anciens, où les données mystiques sont mêlées, avec un art intéressé ou avec une incroyable crédulité, aux souvenirs transmis d'âges en âges.

§ 4. — La mer.

A mesure que la terre s'est attiédie, elle s'est entourée d'une croûte solide, comme d'une écorce; les vapeurs d'eau qui saturaient l'atmosphère se sont précipitées par le fait du refroidissement, et ont formé la mer, qui a entouré et submergé tout le globe.

On peut se faire une idée du temps qu'il a fallu pour arriver à ce refroidissement, en s'appuyant sur un calcul d'Arago. Cet illustre physicien a estimé que la température de la terre n'a baissé que d'un dixième de degré depuis 2000 ans. Or, on évalue à 4000 degrés la chaleur du noyau central; et l'on sait que les plantes et les animaux ont besoin, pour vivre, d'une température inférieure à 100 degrés. Il suit de là que, pour que la chaleur de la surface terrestre descendît de 4000 degrés à 100, il a fallu 78 millions d'années.

On peut objecter que la terre, quand elle était à ce degré très-élevé de chaleur, pouvait se refroidir plus vite que dans la période actuelle. Mais, quand l'atmosphère était encombrée de vapeurs, elle s'opposait au rayonnement dans l'espace, ce qui devait ralentir le refroidissement. Et d'un autre côté, les 4 mille degrés auxquels peut être réduite la chaleur centrale actuelle, sont bien loin de représenter la chaleur primordiale.

*
* *

A quel moment la vie, telle que nous la concevons aujourd'hui, a-t-elle commencé d'agir et de former des êtres organisés, capables de se conserver, de se développer et de se multiplier? Evidemment ce n'a pas été avant que la température de la mer qui enveloppait le globe se fût abaissée, au point de rendre possible le jeu régulier des organes.

Et pourtant le principe, inconnu, de la vie, si on le considère en dehors de la phase où nous sommes et que seule nous connaissons bien, est nécessairement indépendant de la température: autrement, comment la vie organique aurait-elle pu commencer?

§ 5. — La vie organique.

Lorsque la mer a été suffisamment refroidie, il s'y est formé des êtres organisés et vivants.

Ces êtres ont d'abord été des plus simples.

C'était une petite cellule, un petit globule d'albumen, qui n'était proprement ni végétal, ni animal. Les naturalistes en font le règne des *protistes*. Il dure encore : certains protistes secrètent une matière calcaire, qui en s'accumulant devient pierre. Cette pierre a fourni les pyramides d'Égypte ; elle forme des montagnes sur les côtes de la Méditerranée.

Les monères se meuvent librement. Ce sont de petits grumeaux de matière carbonée albuminoïde sans structure (apparente), êtres organisés sans organes distincts. On en connaît sept genres. Elles vivent les unes dans l'eau douce, les autres dans l'Océan à une profondeur qui varie de 4 à 8000 mètres.

Puis l'organisme s'est développé, compliqué, divisé, perfectionné, à mesure que les êtres se sont succédé, et qu'ils ont été transformés par le progrès vital et par le changement des milieux où s'exerçait la vie. Les individus, perpétuellement renouvelés par la mort, ont laissé leurs restes dans les dépôts qui se forment incessamment au fond des eaux.

Ces dépôts se sont accumulés et solidifiés dans la longue série des siècles : ainsi se sont formées, enveloppant insensiblement toute la terre, les couches minérales stratifiées que les géologues appellent des *terrains*. Leur étude a été rendue possible par les grands soulèvements qui, à diverses reprises, ont porté ces terrains au-dessus des eaux ; et la géologie a pu les décrire, les nommer et les classer. L'histoire des êtres qui y sont ensevelis était inconnue il y a quelques années ; elle est encore incomplète. Nous n'en donnerons qu'un court résumé, comme introduction à celle du genre humain qui domine à notre âge sur la surface du globe, et qui est un des plus récents produits de l'évolution terrestre, sans que l'on puisse aucunement assurer qu'il en sera le dernier et le plus parfait.

Le règne végétal débutait par les *algues*, plantes marines, de l'organisation la plus simple, composées ou d'une cellule unique ou de cellules presque semblables, — de grandeur très-variable, puisqu'il y a des algues d'une petitesse microscopique, tandis que d'autres vont jusqu'à cent mètres.

§ 6. — Zoophytes. Mollusques. Crustacés.

L'être organisé le plus ancien qui nous soit connu par ses restes, conservés au sein de la terre, est un zoophyte de la classe des éponges.

C'est *l'Eozoon*, spongiaire récemment découvert dans le terrain *cumbrien* (ou laurentien), en Canada, puis en Bohême.

Avec lui et après lui ont vécu, dans les mêmes eaux, d'autres zoophytes, créateurs de polypiers; — puis se sont formés les premiers mollusques; — et après eux les crustacés.

Le polype des madrépores dépose au fond des mers tropicales la matière calcaire qu'il exsude; il crée lentement des récifs immenses, qui s'élèvent enfin jusqu'à la surface de l'eau. Le polype du corail est propre à la Méditerranée.

Le terrain Cumbrien a reçu quelques mollusques et quelques crustacés. Ils sont en plus grand nombre dans le terrain silurien. Les premières classes des mollusques n'ont encore ni tête, ni dents (huîtres, moules, ascidies). Plusieurs sont habituellement fixés aux corps sous-marins, ou associés sous une enveloppe commune.

Les mollusques orthocératites et les crustacés trilobites sont très-abondants en Europe (ardoises d'Angers) et en Amérique. Certaines espèces caractérisent le terrain *devonien*, et manquent dans les terrains supérieurs.

Nous retrouvons plus tard d'autres polypiers, d'autres mollusques et d'autres crustacés.

*
* *

On est obligé, pour se reconnaître dans l'immense variété des êtres et pour ne pas multiplier les noms à l'infini, d'adopter des termes de classement, c'est-à-dire, de donner les mêmes noms à des êtres différents, mais qui se rapprochent par des rapports naturels.

Il faut bien se souvenir que les mêmes noms ne représentent pas des êtres identiques, mais seulement des êtres semblables, que nous faisons rentrer dans des classes, genres et espèces, créés par nous pour suppléer à l'insuffisance de notre esprit.

Ces êtres, que nous désignons par des noms permanents, ont changé de forme à toutes les grandes périodes qui se sont succédé sur notre globe. C'est ce qu'on appelle la transmutation des espèces. Et cette transmutation, qui modifie tous les êtres organisés (et même l'homme jusqu'à un certain point), est la partie la plus considérable de l'histoire archaïque du globe. C'est précisément par ces changements de forme que l'on distingue les âges de la terre habitée, et les terrains que ces âges ont produits et accumulés. Il y a eu, dans les premières eaux, puis sur les premiers terrains habitables et sur les terrains subséquents, des zoophytes, des crustacés, des mollusques, . . des poissons, des reptiles, des oiseaux, des mammifères; et il y a encore aujourd'hui de tout cela; mais ce sont d'autres zoophytes, d'autres crustacés ... etc. ... d'autres mammifères, et, plus tard, peut-être aussi d'autres hommes.

Il en est de même des plantes. Il y a eu et il y a des algues, lichens, lycopodes, des monocotyles et des dicotyles, que nous classons *selon leurs genres et leurs espèces* (Moïs. Gen.); mais ce ne sont plus les mêmes plantes. On constate les changements de genres et d'espèces avec les changements de climats, d'état et de manière de vivre. Ce qui ne change pas (du moins à notre connaissance), ce sont les lois générales de la nature. C'est pour cela que, dans les renouvellements des choses, les philosophes ne voient pas de création proprement dite, mais une ÉVOLUTION CONTINUE, qui produit des êtres nouveaux par la transformation incessante et successive des êtres précédents: cette évolution résulte de la force universelle, et, pour dire mieux, de la VIE, entendue dans son sens le plus large, comme appartenant à tous les êtres, même à ceux que, par un jugement présomptueux, nous osons déclarer inertes.

§ 7. — Arachnides. Insectes.

Le haut du terrain devonien (vieux grès rouge) supporte immédiatement le *calcaire carbonifère*. Dans les premières couches de ce calcaire, on trouve des débris fossiles *d'arachnides* et *d'insectes*.

Ces animaux, ayant la respiration aérienne, ne vivent pas dans l'eau. Il faut donc admettre, pour qu'ils aient pu se produire et subsister, que le grès rouge a été soulevé au-dessus des eaux.

La grande classe des insectes ne s'est développée que lentement et sur les terrains successifs. Les quatre ordres des insectes qui *mordent* (le 4e est celui des coléoptères) ont leurs premiers fossiles dans le terrain carbonifère; ceux qui *lèchent* (hyménoptères) et ceux qui *piquent* (hémiptères, diptères) commencent dans les terrains jurassiques; ceux qui *sucent* (lépidoptères, les insectes les plus parfaits), dans les terrains tertiaires.

§ 8. — Les premiers vertébrés.

Le règne animal continuait son développement sous-marin par la production des *branchiostomes*.

L'Amphioxus (dont une espèce vit encore dans la Baltique et la Méditerranée) a le squelette fibreux; son axe vertébral n'est encore qu'à l'état de corde dorsale; on commence à distinguer une partie céphalique au début de la moelle épinière.

§ 9. — Poissons. Batraciens.

Encore un pas, et l'affermissement du système vertébré nous conduit aux *poissons*, qui respirent par des branchies, et dont les nageoires représentent deux paires de membres.

Cette grande classe commence par les *Cyclostomes* (lamproies), qui ont une bouche circulaire servant de suçoir. Ils n'ont pas encore de nageoires bilatérales, mais seulement deux nageoires dorsales et une caudale.

A mesure que le sol se relevait, il se produisait des amphibies, *batraciens* (protée, sirène, triton, salamandre, grenouille), marquant le passage des poissons aux reptiles.

Le colossal *labyrinthodon* imprimait ses pieds dans le calcaire coquillier du trias.

§ 10. — Le sol émergé. Premières plantes terrestres.

Après de longs siècles, le sol, lentement soulevé par l'action du feu intérieur, épaissi d'ailleurs et fortifié par les dépouilles incessamment déposées des êtres expirés, a fourni, au-dessus de la mer, une surface solide, sur laquelle sont nées les premières plantes terrestres. Le terrain silurien a conservé *l'Eophyton*, un cryptogame vasculaire. Ces familles primordiales atteignaient des dimensions gigantesques, en comparaison de ce que la terre a produit plus tard. On y reconnait des *lycopodes* qui ont jusqu'à vingt metres de haut, des *prêles*, des *fougères* arborescentes, et quelques *conifères* assez semblables aux *Araucaria*.

(Visitez fréquemment le muséum d'histoire naturelle, jardin et serres, où l'on cultive des plantes qui se rapportent aux familles que nous venons de nommer.)

De grandes rivières entraînaient ces plantes et les chariaient vers leurs embouchures ou au fond des lacs, où leur accumulation formait les dépôts de *houille*.

§ 11. — Coquillages et poissons d'eau douce.

Ces rivières et ces lacs avaient leurs coquillages, différents des mollusques marins. Dans ces eaux douces, vivaient des poissons semblables aux esturgeons, tandis que dans la mer, régnaient des squales voraces, dont les dents pouvaient briser les coquillages, qui étaient presque leur seule nourriture.

§ 12. — Les grands reptiles.

Les premiers *sauriens* datent des premières périodes secondaires, qui jouissaient d'un climat chaud à peu près uniforme sur les diverses contrées du globe. Le *palæosaurus*, qui inaugure cette évolution, appartient au terrain permien. Les *crocodiliens* ont laissé beaucoup de débris dans les couches jurassiques; on y trouve aussi les premiers *chéloniens*. Les ptérodactyles s'élevaient dans les airs, semblables à des chauves-souris gigantesques, et s'attachaient aux parois des falaises.

D'autres grands reptiles vivaient en même temps. Ils sont représentés aujourd'hui par les iguanes et les monitors.

§ 13. — Monocotylées. Oiseaux.

Dans la période du *trias*, les *liliacées* commençaient à briller dans les champs, entourés d'immenses forêts de *zamias*, de *fougères* en arbre, de *prêles* en colonne.

On trouve, dans les grès bigarrés, les premières empreintes laissées par les pas des oiseaux.

Plus tard des débris de palmipède, d'albatros, d'échassier, apparaîtront dans le terrain crétacé. Des restes fossiles d'autres oiseaux seront trouvés dans le terrain tertiaire, et dans le quaternaire.

Les âges jurassiques, qui ont succédé aux marnes du trias, sont remarquables par la prodigieuse multiplication des mollusques. Leurs coquilles, accumulées sous les eaux pendant des siècles innombrables, ont produit des bancs calcaires dont l'épaisseur dépasse quelquefois sept cents mètres.

L'épaisseur de ces grands dépôts, à *stratification concordante*, atteste la durée immense des périodes de tranquillité pendant lesquelles les mers d'alors se sont successivement comblées.

L'assise la plus basse des terrains du Jura est le *lias* (prononcez *laïas*). La mer où se déposait le *lias* produisait, entre autres coquilles caractéristiques, des *ammonites*, une grande abondance de *gryphées* arquées, de *bélemnites* hastiformes, de *pectens*, *d'échinides*, des *huîtres*, des *encrinites*.

Tandis que les mers étaient peuplées par ces mollusques, les eaux douces nourrissaient des *paludines* et des *hélices*.

§ 14. — Monotrèmes.

C'est dans cette période jurassique que se forment les *monotrèmes* (ornithorhynque, echidna), qui font transition des reptiles et des amphibies aux mammifères.

Ils ressemblent aux premiers par leur cloaque, par l'absence de mamelles, et aux derniers par le lait dont ils nourrissent leurs petits, mais qui sort d'une aréole de leur peau, trouée comme une écumoire.

Les reptiles gardaient encore leurs effrayantes proportions.

Les plésiosaures, au cou allongé comme celui des serpents, mesuraient quatre mètres, les ichthyosaures atteignaient sept mètres, et le mégalosaure n'avait pas moins de quinze mètres de longueur. L'Iguanodon, à juger par la grosseur des os, devait atteindre au moins vingt mètres. Il était herbivore. Dans la partie supérieure de la craie, le *mosasaurus*, reptile gigantesque, a été découvert à Maestricht (près de la Meuse), puis retrouvé en Angleterre. Sa tête, pourvue de dents formidables, avait plus d'un mètre de long.

§ 15. — Mammifères.

A la suite des Monotrèmes, se formèrent les *marsupiaux* (animaux à bourse ou didelphes, — kanguroo, sarigue), qui n'étaient encore que des mammifères imparfaits. Ils paraissent avoir été répandus jadis sur toute la surface terrestre. On trouve, en France et en Angleterre, de leurs débris bien conservés, dans les terrains secondaires, — plus abondants dans les couches crétacées.

Il reste quelques marsupiaux vivants dans le Nouveau-Monde et l'Océanie. Leur nom vient d'une *bourse* (*marsupium*) que la mère porte, dans la région abdominale, où ses petits, imparfaits à leur naissance, achèvent de se former. On compte huit ordres de Marsupiaux, enfermant vingt familles.

§ 16. — Mammifères ongulés. Cétacés.

Les âges crétacés terminent les formations qu'on a nommées *secondaires*.

Vient ensuite la grande période *tertiaire*, qui se divise en trois âges, nommés, d'après la succession des mollusques dont ils gardent les restes :

éosène ou *terrain parisien*, dans lequel on ne trouve que des espèces mollusques actuellement éteintes,

miocène ou *terrain de molasse* (sables de Fontainebleau, de Belleville, de Montmartre), dans lequel on reconnait un nombre restreint de mollusques appartenant à des espèces encore subsistantes,

pliocène ou *terrain subapennin*, qui renferme des coquillages appartenant, pour la plupart, à des espèces encore vivantes.

On évalue à mille mètres l'épaisseur de ces diverses couches, prises ensemble. Il a fallu plusieurs milliers de siècles pour les former au fond des eaux.

Nous pouvons juger de l'énorme multiplication des mollusques durant ces longs âges par ce fait qui est sous nos yeux : le seul bassin de Paris a fourni plus de douze cents espèces; c'est le double de ce qu'en offre aujourd'hui la Méditerranée.

Dans cet immense espace de temps, la transformation progressive des animaux prend un développement merveilleux.

Les sauriens gigantesques des âges précédents avaient disparu. Mais les mammifères, de descendances successives et diverses, se multipliaient sur la terre, que ne leur disputait pas encore la puissance intelligente de l'homme.

D'abord se formaient, en modification des marsupiaux, les quadrupèdes *ongulés* (qui ont les doigts enveloppés d'une corne). Les premiers ongulés ont trois doigts, dont le médian, beaucoup plus développé que les autres, forme la partie moyenne du pied : ce sont quelques *pachydermes*,

mes, rhinocéros, tapir, paléotherium, hipparion, cheval. On trouve leurs restes dans l'éocène.

Puis il s'en forme d'autres à quatre doigts dont les deux moyens, développés également, marquent la division du pied en deux parties (fissipèdes) : ce sont les cochons, l'hippopotame, c'est-à-dire une partie des pachydermes, et les *ruminants*, antilope, chèvre, mouton, bœuf, chevrotin, cerf, girafe, chameau.

Les éléphants présentent les deux conformations : l'éléphant d'Afrique n'a que trois doigts aux pieds de derrière, l'éléphant des Indes en a quatre.

Quant aux mammifères qui vivent exclusivement dans l'eau, ils ont revêtu la forme des poissons, et ils sont devenus les *cétacés* : baleine, cachalot, dauphin, narval, marsouin.

Les ongulés, vivant à terre, se nourrissent d'herbes, ou de racines et de fruits. Les cétacés se nourrissent de poissons ou de mollusques, de crustacés et de zoophytes.

La glace qui recouvre le sol de la Sibérie et des îles adjacentes, a conservé, en les préservant de la décomposition, beaucoup d'animaux de ces époques reculées : mammouths encore recouverts de leurs poils, rhinocéros, chevaux, daims, buffles. L'abondance de ces herbivores fossiles nous apprend que les régions polaires, aujourd'hui stérilisées par le froid, devaient produire alors les riches pâturages nécessaires à leur nourriture.

§ 17. — Rongeurs. Insectivores. Carnassiers.

A la suite des ongulés se produisirent des *édentés*, dont les espèces gigantesques sont disparues.

Cette tribu n'est représentée aujourd'hui que par les pangolins, les tatous, les fourmiliers.

Vinrent ensuite les *rongeurs* (rats, souris, loir, écureuil, castor), — les *insectivores* (hérisson, musaraigne, taupe), dont le terrain éocène a conservé quelques ossements, ainsi que des *chéiroptères* (chauves-souris), et des premiers *carnassiers*.

A mesure que ces derniers se multipliaient (lion, tigre, jaguar, hyène, ours, loup, chien, blaireau, etc.), la lutte pour l'existence devenait plus ardente entre eux et les quadrupèdes herbivores dont ils faisaient leur proie.

§ 18. — Quadrumanes.

Les *quadrumanes* marquèrent l'avant-dernier degré de la transformation progressive des animaux supérieurs. Parmi eux, les uns ont le nez aplati, avec les narines dirigées en dehors (singes américains), les autres ont les narines dirigées en bas, comme l'homme.

Les singes, dont on trouve encore des représentants en Asie (orang-outang, gibbon) et en Afrique (chimpanzé, gorille), parurent probablement à cet âge. On en a trouvé de fossiles dans le terrain tertiaire moyen.

Quelques savants ont hasardé de dire que l'homme pouvait être descendu des races simiennes. Cette opinion est contraire à tout ce que nous savons de l'ordre naturel généalogique. Les simiens ne sont que des rameaux défectueux, dégénérés, de la souche ancestrale, dont l'homme est la branche principale, supérieure, perfectionnée et indéfiniment progressive.

§ 19. — Les Dicotylées.

Le règne végétal continuait de se développer et de s'embellir, parallèlement au règne animal. Il était favorisé par la température qui, en Europe et jusque dans l'extrême nord, était encore aussi haute qu'elle est maintenant entre les tropiques. Des palmiers, des lauriers, des canelliers, fleurissaient dans les vallées de la Suisse. Les bois se formaient de hêtres, de pins, de charmes, avec des *sequoia*, des *araucaria*, qui ne vivent aujourd'hui que dans le voisinage de la ligne équinoxiale.

A l'âge du miocène, les cycadées ont disparu de la flore européenne. Les conifères abondent, avec quelques palmiers. Les familles de plantes dicotyles apparaissent en foule : ce sont, entre autres, noyers, ormes, érables, bouleaux, etc.

Mais ces familles nouvelles n'atteindront leur complet développement que dans la période suivante (quaternaire).

Les débris de toutes ces plantes ont formé en divers lieux des amas de *lignite*, où l'on reconnait leurs feuilles et la structure de leur bois.

§ 20. — L'homme.

C'est vers le milieu de la période *tertiaire* que l'existence de l'homme se démontre pour la première fois.

L'homme de cet âge est signalé par l'épaisseur de son crâne allongé par derrière, à front bas et fuyant, et par la grosseur saillante de ses arcades sourcilières qui se rejoignent au-dessus du nez.

Dans la marne et le calcaire de Beauce (qui se rapportent au miocène), on a trouvé, à Thenay (Loir-et-Cher), des silex taillés en forme de petits racloirs, qui ne laissent pas douter que l'homme, — un type d'homme quelconque, — n'existât avant la formation de ces marnes.

Dans le pliocène, on a trouvé, en Suède, des pointes de flèches et de lances, des couteaux et d'autres objets en silex; puis, sous une hutte enfouie dans le terrain, un foyer avec du charbon; enfin des ossements de femme, que l'on regarde comme appartenant à la race primitive, — *homo primigenius*.

« La matière sans l'esprit, l'esprit sans la matière, ne sauraient ni exister ni agir. » (Gœthe)

Cette belle et profonde pensée est ici à sa place naturelle. C'est par elle que le savant philosophe Haeckel termine son exposition de la généalogie une et universelle des organismes.

§ 21. — Périodes glaciaires.

A la suite des âges tertiaires, la température s'abaissa dans l'hémisphère septentrional, par suite de soulèvements intermittents et répétés. (Voy. page 27)

Ces soulèvements ont produit, en Europe, les chaînes des Alpes, de l'Olympe, le Balkan, le Taurus, le Caucase; en Asie, l'Himalaya, les montagnes de la Perse et du Caboul; en Amérique, la Cordillère du Brésil, etc.

La répétition des soulèvements et des affaissements alternatifs donna lieu à une série de périodes glaciaires, pendant lesquelles le terrain *quaternaire* commença de se former. C'est celui qui nous porte immédiatement, et dont la formation (commencée il y a plus de 200 000 ans, selon les calculs des archéologues) continue par les alluvions.

Le terrain quaternaire se compose de couches de gravier, de sable quarzeux, argileux ou calcaire, de limon, de brèches osseuses, de blocs erratiques. Son épaisseur est très-variable : le crag de Norwich n'a que douze mètres ; le calcaire de Girgenti en a de deux cents à trois cents. Ces couches renferment des coquilles marines, fluviatiles et terrestres, avec des restes de poissons et de mammifères. Les coquilles appartiennent pour la plupart à des espèces encore subsistantes. Le loess ou lehm, limon argilo-sableux, mêlé d'un peu de quarz et de mica, recouvre toutes les collines du bassin de Paris, dont il forme le sous-sol. Il est rempli de coquilles terrestres et d'eau douce. Il a quelquefois trois ou quatre mètres d'épaisseur.

Au terrain quaternaire appartiennent aussi les *cavernes à ossements*, qui ont fourni tant et de si précieux renseignements sur la vie primitive de l'Humanité. Il y en a dans toutes les parties du monde.

La succession des périodes glaciaires détruisit plusieurs générations d'animaux, et en modifia considérablement les types. Le *mastodon arvernensis*, l'*elephas meridionalis*, les panthères, les rhinocéros, plusieurs ruminants et autres, ne pouvant plus vivre sous notre zone refroidie, émigrèrent vers le midi. L'homme, soutenu par ses forces intellectuelles, résista mieux aux révolutions climatiques. Il sut se réfugier sur les plateaux élevés, au-dessus des eaux envahissantes. Il se défendit contre le froid au moyen du feu, dont il avait découvert l'usage.

On dut se procurer du feu en frottant vivement deux morceaux de bois sec l'un contre l'autre, comme le font encore aujourd'hui les sauvages, ou en tournant rapidement un pieu qui perçait un tronc d'arbre.

Les animaux dont les débris se mêlent à ceux des hommes dans les couches inférieures du terrain quaternaire, sont principalement le mammouth et son compagnon habituel, le rhinocéros à narines cloisonnées, l'ours et le lion des cavernes, etc. Dans les couches supérieures de ce terrain, abonde surtout le renne, associé à d'autres animaux (chevaux, bisons, aurochs), dont les espèces subsistent encore aujourd'hui.

*
* *

Voici quelques exemples, entre beaucoup d'autres, des calculs chronologiques que fournissent les faits constatés par la géologie.

En 1851 et en 1854, en creusant dans le delta du Nil, on en a extrait des poteries qui étaient à soixante pieds de profondeur. Il est d'observation que le Nil ajoute à son delta cinq pouces au plus par siècle. Ces poteries avaient donc au moins 14400 ans.

Le Mississipi forme à son embouchure un delta, dans lequel on a creusé jusqu'à 195 mètres sans atteindre le fond. On a observé que le delta s'accroît de m. 0,12 par siècle. Par conséquent, les 195 mètres n'ont pas mis moins de 162000 ans à se former.

Dans ces creusements, on a reconnu dix couches superposées d'énormes *Taxodium* (arbre analogue au cyprès) de dix pieds de diamètre. Ces arbres ont 100 anneaux concentriques de croissance annuelle par pouce de diamètre. Pour atteindre le diamètre de dix pieds, ils ont végété 12000 ans; et les dix forêts qui se sont succédé sur le même sol ont exigé 120000 ans. Si l'on ajoute qu'elles sont séparées l'une de l'autre par des épaisseurs de terrain (formées sous l'eau), et que la dernière est couronnée par une forêt de vieux chênes, on arrivera probablement bien près du premier calcul, de 162000 ans, qui se trouve ainsi contrôlé.

En creusant dans ce même terrain pour la construction de l'usine à gaz de la Nouvelle-Orléans, on a trouvé un crâne humain au-dessous de la quatrième forêt. On voit que ce crâne avait au moins 48000 ans (sans tenir compte de la durée de la forêt de chênes, ni de celle des périodes d'affaissement qui ont dû produire les terrains intermédiaires).

*
* *

Nous allons résumer, dans le tableau synoptique qui suit, les séries de formations et transformations dont nous avons fait un récit très-abrégé, dans le but de montrer comment l'évolution naturelle des êtres organisés a conduit à l'homme actuel. Ce tableau est présenté ici comme provisoire, et sous toute réserve des observations et découvertes ultérieures, qui ne manqueront pas d'avoir lieu lorsqu'on aura étendu à toute l'écorce du globe les explorations qui n'ont porté jusqu'à présent que sur une partie de sa surface.

☞ Dans le tableau (page 18), nous avons mis (à l'exemple de Beudant, *Cours élémentaire d'histoire naturelle*) les terrains les plus hauts au haut de la page. De la sorte, l'esprit, conduit par l'œil, se représente sans peine leur ordre de superposition. Mais, pour suivre la succession chronologique des faits par rapport aux terrains et aux séries d'évolutions organiques, il faut lire les diverses colonnes du tableau de **bas en haut;** étudier de même; réciter et répéter de même.

Lu ainsi, ce tableau donne :

1° l'ordre de superposition des terrains et par conséquent l'ordre de leurs formations successives;

2° et 3° l'ordre de superposition des fossiles, végétaux & animaux;

4° et l'on en peut tirer, comme conséquence très-probable, l'ordre de la formation et des transformations des êtres organisés pour la vie et pour le progrès.

(Suit, page dix-huit, le TABLEAU des *formations et transformations*, dont l'ordre chronologique est de *bas en haut*. La première colonne (à gauche) offre la succession des couches minérales, qui se sont déposées pendant que le globe de la terre se refroidissait et roulait dans l'espace, et dont les dernières (les plus hautes) continuent de se déposer dans les eaux; les deux colonnes à droite offrent, dans le même ordre de succession et d'évolution (autant du moins que cet ordre *nous est connu jusqu'aujourd'hui*), les êtres organisés qui composent ce qu'on appelle le *regne végétal* et le *regne animal*).

Ainsi, le premier terrain *stratifié* qui se soit formé est celui que l'on a nommé récemment *cambrien*; les plantes les plus anciennes dont on y trouve les restes sont des *algues*; les êtres animalisés qui ont vécu avec ces premières algues sont, (d'après les restes conservés,) les *protistes*, les *moneres*, etc.

TABLEAU (PROVISOIRE)
des formations et transformations terrestres

	Terrain	Évolution végétale.	Évolution animale.	
quater-naire.	Alluvium. Grottes ossifères			
	Blocs erratiques.			
	Diluvium.			
tertiaire.	Pliocène (subapennin) . .		L'homme.	p. 14
	Miocène (molasse)	Lignite. Dicotylées.	Quadrumanes.	13
	Eocène (terr. parisien) . .		Carnassiers.	13
			Chéiroptères.	12
			Insectivores.	12
			Rongeurs.	12
			Édentés.	12
secondaire.	Craie – craie supérieure . .		Cétacés.	12
			Oiseaux échassiers.	11
			Ongulés ruminants.	11
	Craie – dépôt Wealdien . .		Ongulés pachydermes.	11
	Jurassique – oolite		Mammifères marsupiaux	10
	Jurassique – lias		Monotrèmes.	10
	Grès bigarrés (trias) . .	Monocotyl.	Oiseaux.	9
			Sauriens volants.	9
	Permien		Reptiles.	9
			Batraciens.	8
		Cycadées.		
			Poissons.	8
	Grès houiller		Poissons sauroïdes.	
		Conifères.	Branchiostomes (premiers vertébres).	7
	Calcaire carbonifère . .	Prêles.	Insectes : coléoptères.	7
		Fougères.	Arachnides.	7
primaire stratifié.	Devonien	Anthracite.		
	Silurien.	*Eophyton.*	Crustacés trilobites.	6
	Silurien (ardoises d'Angers)		Mollusques acéphales.	6
			Zoophytes. *Eozoon.* Madrépores.	6
	Cambrien	Algues.	Protistes. Monères.	5

FIN DE L'INTRODUCTION

MANUEL CHRONOLOGIQUE

PREMIÈRE PARTIE

Les premiers âges connus du genre humain.

Les renseignements fournis par les couches géologiques ont été prodigieusement accrus depuis quelques années par l'exploration active des grottes et cavernes à ossements, et par la découverte, tout-à-fait inattendue, des anciennes habitations lacustres. C'est là que les géologues et les anthropologistes ont recueilli, en très grande abondance, les restes de l'homme antique, les objets dont il se servait, et les ossements des animaux ses contemporains, ses adversaires et ses victimes.

Les monuments les plus curieux et les plus instructifs de ces découvertes composent le musée préhistorique de St-Germain.

Les cavernes à ossements et les brèches osseuses sont situées généralement dans les parties les plus modernes du terrain quaternaire.

*
* *

Pour classer les notions acquises sur l'existence de l'homme, sur sa manière de vivre et ses travaux jusqu'aux premiers récits de l'histoire proprement dite,

On distingue 5 âges préhistoriques, que l'on nomme :

a. âge *ancien* de la *pierre taillée* ou *éclatée* (et des animaux disparus);

b. âge *moyen* de la *pierre taillée*, (et des animaux émigrés), ou âge du *renne;*

c. âge de la *pierre polie* (et des animaux domestiqués);

d. âge du *bronze*;

e. âge du *fer*.

a. AGE ancien de la pierre taillée ou éclatée.

Cet âge est caractérisé par les restes des animaux dont les espèces sont éteintes : *le mammouth, le bœuf primigène, le cerf à grandes cornes, l'ours des cavernes,* une hyène *(hyæna spelæa)*, un lion, un tigre, beaucoup de rongeurs, un *lepus* entr'autres, etc.. Cet âge a eu aussi plusieurs espèces d'hippopotames.

L'homme de cet âge n'était plus l'homme primitif; il ne vivait plus de chair crue, puisqu'il savait disposer des foyers, autour desquels on retrouve les os des animaux qu'il a dévorés. Il chassait à l'ours et au mammouth. Il se servait de haches de pierre grossièrement ébauchées par le choc, et de lances auxquelles il adaptait une pointe de silex. Il fendait les crânes des animaux pour en enlever le cerveau, et les os longs pour en extraire la moelle. Il se vêtait soit d'écorces foulées, soit de peaux. Il se parait de coraux, de dents d'animaux. Enfin il honorait ses morts.

Les outils trouvés avec les restes des animaux sont pour la plupart des haches semblables à celles dont se servent encore les sauvages. Il y a aussi des couteaux, scies, marteaux, pointes de lances, coins, etc. Ces instruments de pierre, évidemment taillés de main d'hommes se trouvent dans tous les pays de l'ancien et du nouveau monde, sous tous les climats, depuis la Scandinavie jusqu'au Portugal, l'Algérie, l'Égypte, la Palestine, la Perse, etc.; ce qui montre combien les races humaines avaient déjà pris d'expansion avec des arts bien peu avancés, et à une époque que l'on pouvait croire peu éloignée de l'âge primitif.

b. AGE du renne (âge moyen de la pierre taillée).

Le renne, à cette époque glaciaire, trouvait, en France et dans les pays voisins, la mousse *(hypnum diluvii)* qui est sa nourriture polaire actuelle. L'homme habitait dans des cavernes, ou dans des abris sous roche : on y retrouve, avec ses restes, ceux de quelques animaux de l'âge précédent, mais surtout et en grande abondance des espèces encore subsistantes:

Le cheval (*equus caballus*), l'aurochs, l'urus (bœuf primitif), le bœuf musqué, l'élan, le daim, le chamois, le sanglier, le castor et d'autres rongeurs.

On estime que le troglodyte découvert à Menton dans une grotte à grand ours et à mammouth, et qui a un beau crâne, remonte, au moins, à vingt ou vingt-cinq mille ans.

L'homme se nourrissait principalement de cheval; mais la chasse lui fournissait aussi renne, chèvre, renard, bœuf, sanglier, ours, chamois, et la pêche lui donnait des poissons. Son sens artistique avait pris un développement notable: il travaillait les os du renne et du cerf, les arêtes, les coquillages, soit pour l'utilité domestique, soit pour l'ornement.

On trouve des ossements qui portent des essais de sculpture; on trouve aussi des lames de schiste, où l'on reconnaît des esquisses d'élan, de renne et de cheval.

L'âge du renne a persisté en Allemagne, en Danemark, plus longtemps que dans le reste de l'occident. Il dure encore dans les régions voisines du pôle arctique.

Vers la fin de l'âge du renne, les Sémites s'étaient répandus dans le nord de l'Afrique: ce sont les ancêtres des Égyptiens, des Ethiopiens, des Lybiens.

c. AGE de la pierre polie (période néolithique).

Cet âge n'est pas séparé du précédent par un brusque et violent changement de l'état physique.

Plusieurs grottes en France offrent les deux âges superposés: grotte du Maz-d'Azil (Ariège), de Pontil (Hérault), de Lourdes (Hautes-Pyrénées), etc.

Ce qui caractérise cette période, ce sont les progrès de la race humaine dans la préparation de ses armes, de ses outils, et dans la construction de ses demeures. Les hommes habitaient encore quelques cavernes. Mais, n'y trouvant pas la sécurité suffisante contre les surprises des bêtes féroces, et sans doute des ennemis, ils se construisirent des demeures sur les lacs et sur les marais, au moyen de pilotis profondément enfoncés dans la vase. Ils maintenaient ces pilotis par des pierres qu'ils apportaient dans des pirogues; puis il les reliaient, au sommet, par d'épais planchers.

Ces anciennes habitations lacustres, quoique répandues dans presque toute l'Europe, n'avaient laissé aucun souvenir dans les traditions (1). C'est depuis vingt ans seulement qu'on a commencé à les retrouver, en Suisse d'abord, puis en Savoie (lacs du Bourget, d'Annecy), dans l'Isère (lac de Paladru), dans le nord de l'Italie (les terramares), dans les lacs de l'Irlande, etc.

Le lac de Constance avait un village élevé sur plus de 40000 pilotis. Celui de Morge (près Genève) couvrait soixante mille metres de superficie: il pouvait porter plus de 300 cabanes et loger 1200 habitants.

Les cabanes étaient formées de troncs d'arbre plantés verticalement, reliés par des branchages entrelacés, et recouverts de terre gâchée. Ceux qui habitaient soit ces cabanes, soit les grottes et abris sous roche, étaient peu soigneux de la propreté, à juger par l'abondance des mouches et autres diptères trouvés dans leurs débris de cuisine.

Le culte des morts prenait un grand développement, comme le témoignent les *tumuli*, les dolmens, les menhirs et cromlechs de Bretagne et d'autres pays.

Tumuli, tertres artificiels, ayant servi de tombeaux. Dolmens, Cromlechs, menhirs, sépultures colossales, mégalithiques, en Bretagne. Le cromlech est un cercle de pierres sacrées. Les menhirs sont des pierres levées, isolément ou en cercle. Les Dolmens sont des grottes artificielles (caveaux funéraires ou temples), érigées dans les pays plats qui n'en ont pas de naturelles. Ils prirent une grande extension vers la fin de la période néolithique. Il y a 500 dolmens dans le Morbihan, plus de cent dans la Lozère, etc. Il y en a dans tout le nord de l'Europe, en Afrique, dans l'Asie mineure, dans l'Inde, etc.

Les armes et instruments de silex que l'on retire du fond des lacs, ou que l'on trouve à profusion dans toutes ces stations et tous ces monuments, sont délicatement travaillés, aiguisés et polis par le frottement, troués pour recevoir un manche.

Ces hommes commençaient à élever du bétail et à cultiver le sol. Ils parvenaient à domestiquer le chien, et après lui le porc des marais, le sanglier, d'où descendent nos porcs à longues oreilles, — enfin le bœuf des tourbières.

(1) Cependant Hérodote (l. V, c. 16) a décrit les habitations sur pilotis et planchers en bois que les *Pæoniens* occupaient sur le lac Prasias (Roumélie). Ces habitations sont, dit-on, encore occupées par des pêcheurs.

Les ossements trouvés dans les tumuli, sous les dolmens, les cromlechs et les menhirs, semblent indiquer que ces hommes étaient plus petits que ceux des âges suivants et que ceux de nos jours; ils avaient le crâne étroit, développé en arrière, le front fuyant, les mâchoires prognathes (portées en avant).

L'archéologue Suisse Morlot estime, d'après l'épaisseur des couches terrestres quaternaires, que la période de la pierre polie a pu durer quelques cinq mille ans, et la période suivante (bronze) quatre mille ans. Boucher-de-Perthes va beaucoup plus loin, supputant que les neuf mètres de tourbe de la vallée de la Somme n'ont pas pu se former en moins de trente mille ans.

d. AGE du bronze.

L'homme réussissait enfin à créer le bronze et à s'en servir. Il en faisait des haches, et autres outils plus solides et plus coupants que les grossiers instruments de pierre dont se servaient ses ancêtres. C'est principalement entre les antiques pilotis sur lesquels avaient reposé les demeures lacustres qu'on a trouvé, en très-grande abondance, les armes et outils de métal. On connait en Suisse plus de deux cents stations humaines, soit dans les lacs actuels, soit dans les anciens lacs transformés en tourbières: une partie de ces stations n'a offert aucun témoignage de l'emploi des métaux, et doit être rapportée à l'âge de la pierre; mais les autres ont fourni divers instruments de bronze, (haches, ciseaux de menuisier, marteaux, faucilles, hameçons, épingles à cheveux, bracelets, anneaux, pendeloques). Elles ont fourni aussi, mais rarement, des boucles d'oreille en or.

On obtenait le bronze en fondant ensemble des minerais de cuivre et d'étain, sans avoir besoin de les fondre séparément. Le bronze paraît avoir été employé avant le cuivre (au moins dans l'ancien continent), parce que, quoique plus dur, il se fond plus facilement, grâce à l'addition de l'étain ou du zinc.

On a trouvé, en Suisse et en Allemagne, les restes des fourneaux à bronze, avec des moules de pierre ou de sable, où l'on coulait des ustensiles, des objets d'ornement, des épées et autres armes. On a trouvé aussi du verre (ou plutôt de l'émail) dans les scories de ces fourneaux.

A cet âge se rapporte encore l'invention du tissage.

On repêche, en effet, conservés dans le limon entre les pilotis, des toiles grossières de mèche de lin, des filets, des paniers en paille et en osier. Les cardes et peignes étaient faits d'os d'animaux, fendus et effilés au bout.

Les poteries visaient à l'artistique. Pourtant l'art se bornait à représenter certaines lignes et figures géométriques.

Les armes de bronze, en augmentant les moyens de défense et le succès des chasses, donnèrent la faculté d'abandonner le dessus des lacs et de se loger en terre-ferme.

Les hommes ne renoncèrent pas aux armes de bronze aussitôt qu'ils eurent trouvé l'usage du fer. Le géographe Pausanias, qui dans ses voyages avait vu beaucoup de ces armes conservées dans les monuments patriotiques et religieux, s'appuie sur l'autorité d'Homère pour dire que, dans les temps héroïques, toutes les armes étaient d'airain. Hésiode dit que, de son temps même, l'airain était encore préféré au fer pour les armes. Quand on se représente les difficultés qu'il y avait à vaincre pour se rendre maître du fer, on n'est pas surpris que son usage n'ait supplanté que lentement celui du bronze. Dans les mille tombes qui ont été fouillées à Hallstadt (près Salzburg), on a trouvé, avec une immense quantité d'armes en fer, deux cents vases de bronze, des casques, des fibules en grand nombre, et trois à quatre mille objets de parure, dont quelques-uns en os ou en ivoire (C^tes r. ac. sc. 12 décembre 1864).

e. AGE du fer.

L'art d'employer le fer marque un immense progrès dans la vie humaine. Avec le fer l'homme n'a plus d'ennemi invincible; il ne trouve plus de distance infranchissable, plus d'obstacle au-dessus de ses forces, plus de sol rebelle à toute culture: il est maître de la surface de la terre.

Mais, d'un autre côté, l'homme, ignorant et sauvage, allait tourner contre lui-même les forces qui ne devaient lui servir qu'à dompter la nature. Le fer n'aidera pas seulement à sa subsistance et à sa sécurité: après avoir fourni des outils et des moyens de défense contre les bêtes féroces, il donnera aussi des instruments de violence, de rapine et d'oppression. A l'âge du fer se rapportent le commencement ou l'extension des guerres, et la formation de ce qu'on appelle les grands *empires*, qui ne sont autre chose que les grands brigandages et les grands asservissements.

La coïncidence de l'âge du fer et des meurtres particuliers et publics est restée dans la mémoire des anciens hommes. La poésie s'est emparée de ces souvenirs : voyez Moïse, Hésiode, Homère, Ovide, Lucrèce, etc.

Dès ces temps reculés, ceux qui avaient subjugué l'esprit des hommes par la superstition se coalisaient avec ceux qui s'étaient rendus puissants par le fer.

Le brigand Nemrod, qui passe pour fondateur de l'empire de Babylone, réunissait dans ses mains les deux leviers de la tyrannie : il nous est présenté comme un chasseur fort et dévot.

C'est l'Égypte qui offre les plus anciens témoignages de l'usage du fer. Le fer était nécessaire aux Égyptiens pour tailler le granit et la diorite, d'où ils ont tiré de si beaux monuments, dont un grand nombre subsiste encore.

On a une statue, en diorite, de Souphis II, fondateur de la deuxième pyramide, qui date au moins de soixante siècles avant notre ère vulgaire. Une statue en bois, de la même époque, est sculptée avec une perfection qui n'a pu être atteinte que par le fer.

Pourtant les Égyptiens avaient déjà fait, avant cette époque, de grands progrès dans les arts. (Voyez la 3e partie.)

En Europe, quelques tourbières de Danemark, quelques marécages des Pyrénées, ont fourni des traces de l'emploi du fer.

Mais c'est principalement dans les tombes antiques que l'on a recueilli les outils, armes et objets d'ornement, qui révèlent la vie des hommes de cette période. C'est aussi dans quelques-unes des stations lacustres les moins anciennes. Ces stations, sûres mais peu commodes, étaient près d'être abandonnées, parce qu'à partir de cette époque l'homme, mieux armé pour la défense et pour l'attaque, allait reprendre possession de la terre, où il pouvait désormais se maintenir avec sécurité.

On a trouvé, dans les tombes et dans les palafittes, des armes de fer avec poignée ou manche de bronze, des poignards, des épées, des haches, des couteaux, des faux et faucilles ; des ceinturons, bracelets, fibules, colliers ; et, comme témoignage de la culture des arts, des fourreaux d'épée avec des dessins au burin ou au repoussé.

Les fourneaux où l'on préparait le fer (et que l'on a trouvés en très-grand nombre dans le Jura bernois), étaient d'abord simplement creusés dans la terre. Puis on les cerna de pierres, pour les agrandir et les maintenir. Puis on les surmonta d'une hotte ou cone d'argile. On avait aussi des fours pour cuire les poteries. Elles étaient façonnées au tour.

Les Galls, en envahissant la Suisse, y apportèrent l'usage du fer. Ils succédèrent dans ce pays, puis dans la Gaule, aux populations des âges de la pierre et du bronze. Peut-être apportèrent-ils aussi l'usage de la monnaie.

On trouve, parmi les objets de cet âge, des monnaies en bronze. Elles portent l'effigie moulée d'un chef ou d'un animal. Les monnaies gauloises (à l'effigie du cheval) étaient en étain, en bronze ou en argent.

L'apparition de la monnaie caractérise la deuxième partie de l'âge du fer. Son usage transforma le commerce, qui avait consisté d'abord dans l'échange matériel des denrées.

Au milieu de ces progrès, qui étaient le présage de la civilisation, il est triste de trouver les preuves d'une atroce barbarie. Des êtres humains étaient sacrifiés cruellement aux superstitions ou à la vengeance, chez les Helvétiens et chez les Gaulois. La lapidation était déjà employée pour ces exécutions horribles; et elle le fut encore beaucoup plus tard, chez des nations qui se prétendaient divinement inspirées.

L'usage de brûler les morts paraît dater de cet âge.

TABLEAU DES SIECLES
qui ont précédé l'histoire proprement dite.

Nous dressons ce tableau pour mettre de l'ordre dans notre conception des temps ultra-antiques, temps dont la longueur précise est inconnue, mais dont l'existence réelle est incontestable et la durée minimum incontestée parmi les savants. C'est cette durée que nous indiquons comme renseignement. (Zaborowski)

Pour se faire l'idée du temps immense que les formations terrestres ont nécessité, on peut considérer que, depuis les commencements de l'histoire, c'est-à-dire depuis six ou 8 000 ans, aucune mer n'a été comblée par des dépôts de coquillages et autres dépouilles animales, et même que d'aucune le fond n'a été élevé sensiblement. Si sept mille ans de tranquillité n'ont produit sur l'assiette des mers qu'un effet insensible, combien de milliers de siècles n'a-t-il pas fallu pour déposer toutes les couches successivement stratifiées qui composent l'écorce du globe, et dont l'entassement s'élève à plus de 20 000 mètres!

Avant l'ère vulgaire :

7000000e siècle. Terre fluide incandescente.
Terrains primitifs plutoniens, inconnus (page 4).
Terrains primaires stratifiés (p. 5 à 8).
Terrains secondaires (p. 9 à 11).
Terrains tertiaires (p. 11 suiv.). Eocène : première trace de la race humaine.

16000e se. Commencement du miocène inférieur.
Age ancien de la pierre taillée. Forêts de pins en Danemark. (Plus tard le pin est remplacé par le chêne (à l'âge du bronze); puis le chêne par le hêtre (à l'âge du fer).
Miocène supérieur. Silex taillés de Thenay.
Pliocène inférieur : 1ère époque glaciaire.

3600e se. Pliocène supérieur. *Elephas meridionalis*.

3400e se. Fin du pliocène supérieur et commencement de la période quaternaire (silex et ossements incisés de St-Prest).
Race dolichocéphale de la vallée du Rhin (*homo primigenius*).
Post-pliocène, (quaternaire ou diluvial). Périodes glaciaires.

2000e se Silex de la vallée de la Somme.

1000e se. Fin des périodes glaciaires.

700e se. L'Egypte habitée (Burmeister).

300e se. Commencement de la période égyptienne de Phtah (Papyrus de Turin). (Rodier)
Fin de l'âge du renne. — Les Sémites dans le nord de l'Afrique.

230e se. Période égyptienne de Phré (selon Diodore).

196e se. Période d'Osiris.

193e se. Les Aryens (de l'Indus au Gange) reçoivent la législation du manou Soua-Yambhouva.
Egypte. Ere de Thot.

147e se. Commencement de la période égyptienne de Ma. Année de 365 jours. Zodiaque.

139e se. Les Iraniens (Persans) se séparent des Indiens. Ere indienne du Maha-Youg.

130e se. Briques cuites en Egypte.

115e se. Egypte : gouvernement des Nekuas.

110e se. Commencement de l'âge de la pierre polie.

LES RACES HUMAINES.

La première origine du genre humain est inconnue. On n'y saurait, jusqu'à présent, distinguer plusieurs espèces. Mais, dans la période de temps où nous vivons, divers caractères généraux, tels que la couleur de la peau, la forme du crâne et celle du visage, la couleur, la forme et la direction des cheveux, la longueur relative des membres, le thorax, portent à reconnaître plusieurs races humaines, que l'on classe aussi d'après les régions qu'elles occupent, et d'après les idiomes qu'elles parlent ou qu'elles ont parlés.

La classification des types humains est fort discutée entre les anthropologistes.

On s'accorde cependant à reconnaître, d'après la couleur de la peau, trois types principaux, le **noir,** le **jaune,** le **blanc,** auxquels quelques-uns en ajoutent deux autres moins caractérisés, le **brun,** le **rouge**.

Ces cinq types correspondent à autant de régions zoologico-botaniques.

A. Le TYPE NOIR ou negre est répandu dans l'Afrique centrale et occidentale, le Soudan ou Nigritie, la Guinée, la Sénégambie. On le retrouve à Madagascar, aux îles de la Sonde, en Australie.

On y rattache les *Cafres*, qui se rapprochent du type brun, les *Hottentots*, qui paraissent mêlés de negre et de jaune, les *Papous*, qui se rapprochent des Malais.

B. Le TYPE JAUNE ou Mongolique occupe de toute antiquité la Chine, la Mongolie, le pays des Tongouses et des mandchoux. Il s'étend dans le Japon, le Tibet, l'Hindoustan et la Malaisie.

On rattache au type jaune les races boréales des Lapons, des Samoïèdes, des Kamtchadales, des Eskimaux; — les Kirghises et les diverses populations du Turkestan. Mais les Turcs actuels, par leur mélange avec les blancs, ont perdu les caractères du type jaune. Il en est de même des Hongrois, descendants des Huns, race d'origine Tongouse.

C. Le type BLANC ou Caucasique paraît avoir rayonné de l'Iran (Perse) dans l'Inde, l'Arabie, la Syrie, l'Asie mineure et l'Europe.

Il est divisé en deux grandes branches, la branche Syro-arabe ou sémitique, et la branche Aryane. La branche Syro-arabe s'est étendue dans la Syrie, l'Arabie, le nord de l'Afrique. En Ethiopie, elle s'est mêlée au sang des noirs, et de là sont vraisemblablement sortis les Egyptiens et les Berbères. La branche Aryane (européenne d'Omalius) a fourni les Celtes, Germains, Scandinaves, les Grecs et Albanais, les Slaves, les Erso-Kymris.

D. Le type BRUN a ses représentants dans l'Abyssinie (ancienne Éthiopie), l'Indo-Chine, les îles de la Malaisie et de la Polynésie.

Ces peuples ont le teint plus foncé que les blancs, mais plus clair que les noirs, dont ils diffèrent d'ailleurs par des formes variées.

Les Abyssins ont les cheveux ordinairement crépus, le visage prognathe, les lèvres assez épaisses. Les Hindous se rapprochent plus des blancs : ils ont le front élevé, les cheveux fins, très-noirs, les yeux aussi; leur peau même touche au noir, surtout dans les castes inférieures. Les Malais ont les cheveux plats et lisses, le nez épâté, la barbe rare. Les Polynésiens et Micronésiens offrent une grande variété de teintes et de formes.

E. Le type ROUGE est propre à l'Amérique du nord. Il embrasse toutes les tribus *indiennes* répandues sur les vastes territoires où sont maintenant les Etats-Unis. On y observe une grande diversité dans la forme du crâne et de la face : le trait le plus caractéristique est un nez proéminent et fort arqué.

On regarde le type blanc comme le moins imparfait, à cause des puissantes facultés intellectuelles et morales par lesquelles il soumet toute la terre; au contraire, on met au dernier rang le type noir, qui est probablement aussi le plus ancien. Le cerveau des blancs est plus grand et plus pesant que celui des nègres; et parmi ceux-ci, les Australiens ont le cerveau le plus petit et le plus léger.

Les blancs ont généralement le profil ovale. Les nègres sont prognathes (partie inférieure de la face portée en avant).

Les *nègres* ont les cheveux courts et laineux, crêpus, noirs; les *jaunes* les ont longs et roides; les *blancs* tiennent presque le milieu entre ces deux dispositions.

Le thorax est étroit et proéminent chez les *negres*; il est large et effacé chez les *blancs*.

La race blanche est celle qui fait les progrès les plus constants dans les sciences et dans les arts. Toutes les nations de l'Europe, ou dérivées de l'Europe, en offrent la preuve de plus en plus éclatante, à mesure qu'elles s'affranchissent davantage de la servitude morale qu'elles ont supportée trop longtemps. Comme fait spécial, M. Broca constate que le cerveau s'accroît de siecle en siecle chez les Parisiens

Le LANGAGE. Le nombre des langues est immense; elles ne restent pas immuables et stationnaires, mais elles muent, comme les êtres eux-mêmes, par le laps des siecles; elles paraissent suivre dans leur perfectionnement celui des races humaines. Les philologues les distribuent en trois classes :

1° les langues *monosyllabiques*, probablement parlées primitivement; elles se maintiennent en Chine, et en partie dans les régions himalayennes au nord-est du bassin du Gange;

2° les langues *agglutinatives* (qui annexent les mots les uns aux autres pour en marquer les rapports) : ce sont les langues antiques de l'Hindoustan, les langues ougro-japonaises, les langues américaines. On y rattache la vieille langue basque (euskarienne);

3° les langues à *flexion* (déclinant et conjuguant), parlées par toutes les ramifications de la race blanche. Elles forment deux groupes : le groupe sémitique, où se classent l'hébreu, l'arabe, le chaldéen, l'araméen, le syriaque, l'éthiopien; le groupe dit indo-européen,. dont l'antique sanscrit fait la base, et qui comprend l'iranien ou persan, le pélasgique (grec et latin), le teuton, le slave, le celtique. C'est ce groupe qui domine à notre âge dans les deux hémisphères terrestres.

*
* *

L'espèce humaine est-elle soumise à la loi générale du progrès, qui régit tout l'univers? S'est-elle modifiée et transformée successivement, sous le laps immense des siecles, comme toutes les plantes et tous les animaux, dont les espèces et les genres aujourd'hui subsistants sont très-différents de ceux des temps primitifs, ainsi qu'il est prouvé par les restes que la terre en a conservés?

L'espèce humaine est-elle née d'un seul couple primitif, et s'est-elle répandue, d'un lieu originel unique, dans les diverses contrées?

Ou bien plusieurs races primitives sont-elles nées d'elles-mêmes en des lieux différents, empreintes de caractères distinctifs, dus soit aux conditions premières de leur formation, soit à l'influence de l'air, du sol, de la manière de vivre, en un mot, de toutes les circonstances des *milieux* dans lesquels elles ont vécu?

Ces questions, vivement débattues entre les savants, restent à l'état de problème, jusqu'à ce que des découvertes et observations nouvelles fournissent des éléments précis de solution.

ORIGINE DE LA SOCIÉTÉ.

En quels points du globe les hommes ont-ils commencé à s'entendre pour une action commune? En d'autres termes, en quel pays ont-ils fait l'essai de l'état de société, qui aujourd'hui encore est bien loin de la perfection?

On a cherché en Asie les origines de l'homme et des groupes humains qui, pendant de longues suites de siecles, n'ont guère mérité ce beau nom de société.

Il était naturel de penser que, né sur les Monts Himalaya qui sont la chaîne la plus haute de notre globe, le genre humain aurait pu de là se répandre d'abord dans l'Inde ou dans la Chine. Mais les inductions géologiques portent à croire que ces montagnes, loin d'être primitives, sont le produit d'un des soulèvements généraux les plus récents (le 12e, nommé système des Alpes principales par Elie de Beaumont et Beudant).

Lorsque le sol de l'Asie aura été fouillé comme celui de l'Europe l'a été de notre temps, il en résultera certainement de nouvelles lumières sur les origines de la société humaine et de la civilisation. En attendant, faisons taire les conjectures, et contentons-nous de ce que peuvent nous apprendre l'exploration du sol, les monuments et le petit nombre des livres antiques qui ont survécu aux ravages du temps.

ÉGYPTE.

Si l'on appelle civilisation l'assujétissement des hommes à un gouvernement établi et leur concours à de grands travaux publics, l'Egypte est, pour nous et d'après les monuments qui en restent, le pays le plus anciennement civilisé.

Il est certain que la vallée du Nil a été habitée longtemps avant la formation des races caucasiques. Les briques cuites et autres objets fabriqués, trouvés à diverses profondeurs sous le limon du Nil, donnent lieu de supputer que l'Egypte était habitée il y a au moins soixante-douze mille années. (Burmeister)

Voltaire objecte que c'est une vallée très-étroite, longtemps submergée par les débordements du Nil. Mais, puisque l'homme est sorti du *limon de la terre* (en quoi les naturalistes sont d'accord avec les anciens historiens), pourquoi ne serait-il pas né du limon du Nil aussi bien que de tout autre fleuve?

(Voyez page 27, siecle 700e et suivants.)

Le célèbre *papyrus* de Turin (qui est le plus ancien de tous les manuscrits aujourd'hui connus) donne une chronologie en dix périodes héroïques, qui s'étendent de 30778 à 11446 avant notre ère vulgaire (p. 25). Les parties jusqu'ici déchiffrées de cette chronologie concordent avec celle de l'historien Manéthon. Voici les noms de ces dix périodes, qui paraissent avoir été l'origine de la mythologie grecque : Phta (Ephaistos, Vulcain), Phré (Rê, hélios, le soleil), Knub (Agathodaimôn), Sev (Chronos, Saturne), Osiris et Isis, Seth (Typhon), Horus, Thot (Sotaïs, Sirius), Ma, Nekuas.

CHINE.

Les Chinois se vantent d'une civilisation très-ancienne.

Leurs traditions, à dire vrai, n'ont été vérifiées jusqu'ici sur aucun monument. Pourtant elles offrent l'indice d'une haute antiquité, par les souvenirs qu'elles gardent des premiers états du genre humain. Les lettrés chinois distinguent unanimement neuf *Ki* (périodes dont chacune contient plusieurs dynasties impériales) avant Fo-hi. L'Historien Lo-pi attribue, d'après les anciens auteurs qu'il cite, une durée minimum de 90000 ans aux six 1ers Ki.

Au temps du 2e *Ki*, les hommes demeuraient dans des antres, ou se perchaient sur les arbres, comme dans des nids.... Au 4e *Ki*, ils apprirent à s'abriter dans le creux des rochers.... Au 7e *Ki*, ils cessent d'habiter les cavernes ; ils se font des maisons de bois; ils se nourrissent d'herbes et de fruits, boivent le sang des animaux, et dévorent leur chair crue.... Au 8e Ki, ils commencent à se couvrir; ils apprennent à faire du feu, à cuire les viandes, à pêcher.

Ces souvenirs vrais sont mêlés de beaucoup de contes futiles.

Quant à leurs livres sacrés, le CHOU-KING (livre par excellence), qui est le plus ancien et dont il reste des fragments considérables, n'a été compilé que dans le 6e siecle avant notre ère par le célèbre philosophe Khoung-tseu ou Khoung-fou-tseu, connu dans l'occident sous le nom de Confucius.

Ce livre rapporte les paroles et les maximes des sages et des empereurs qui ont vécu du 24ème siecle au 8e siecle avant notre ère vulgaire (Yao, Chun, Yu, etc.). Pour les temps antérieurs, les auteurs chinois (postérieurs à Confucius) relèvent nominativement plus de cent dynasties impériales, dont quelques-unes ont fourni jusqu'à quatre-vingts souverains, et auxquelles ils attribuent une durée totale de 234000 ans.

Les années mentionnées par les lettrés chinois sont bien de vraies années, puisqu'elles sont désignées dès l'origine par le « changement des feuilles. »

D'ailleurs les Chinois connaissaient l'année de 365 jours et un quart, dès avant le temps de Yao; et ils pratiquaient l'intercalation d'un jour complémentaire à chaque 4e année.

Une connaissance aussi avancée ne doit pas surprendre chez une nation où l'administration publique était intimement liée à l'astronomie. Tout était réglé par l'autorité de l'empereur : justice, sciences, histoire, morale, musique; et chaque branche avait son tribunal.

Le Chou-King renferme (en stances de deux vers) de beaux préceptes de gouvernement et de morale publique et privée, presque sans autre mysticisme que le respect du *ciel suprême* et l'obéissance au *fils du ciel* (c'est le titre fantastique attribué aux empereurs).

Il faut remarquer que par *ciel suprême* ou simplement *ciel*, les Chinois entendent la *raison*, principe et cause de toutes choses. C'est ce qui ressort de la lecture de leurs livres, et c'est ainsi que l'expliquent les sinologues, notamment les missionnaires, qui ont étudié sur les lieux les mœurs et les opinions des Chinois (Pauthier, Y-King, p. 146). Or, avec ce peuple étonnamment immuable, on risque moins qu'avec tout autre de se tromper en jugeant de son passé par son état présent. Le mysticisme modéré, empreint dans ses livres canoniques, s'est conservé à travers les siecles et subsiste encore aujourd'hui sous la dynastie Tartare qui s'est emparée de la Chine. Voici un extrait du testament de l'empereur Tong-tché, mort le 12 janvier 1875 : « On m'apprit les traditions et les devoirs de la dynastie : vénérer le *ciel*, imiter les ancêtres, s'appliquer sans relâche aux soins du gouvernement, aimer le peuple. Respectez ces paroles.... Telle est la volonté du ciel. »

Cependant il est question aussi, mais secondairement, dans le Chou-King et les autres livres canoniques, de sacrifices aux esprits, d'adorations dans les temples, et de sorts pour deviner l'avenir et choisir les fonctionnaires. Ces superstitions ridicules sont certainement au nombre des causes qui arrêtent les progrès des Chinois.

Les livres *sacrés* des Chinois s'offrent comme le plus ancien exemple de la séduction exercée par les rois ou empereurs sur les écrivains. Le Chou-King pose, en tête de ses préceptes, un pompeux éloge de l'empereur Yao, « le grand souverain »; le ta-his ou *grande étude* célèbre « la vertu vaste et profonde » du roi Wen-wang. Et déjà les souverains offraient des sacrifices publics aux *esprits* ou *génies*. Ainsi étaient dressés les deux instruments de l'abrutissement des peuples, l'enseignement officiel et la superstition.

INDE.

L'*Écriture sainte* des Indiens ne porte pas de signe d'une antiquité aussi reculée. Leurs trois premiers VÉDAS sont, il est vrai, d'un dialecte rude, antérieur au sanscrit classique raffiné. Mais, d'après un calcul de points solsticiaux, leur calendrier ne remonte qu'au 14e siècle avant notre ère. (Voyez plus loin la chronologie.)

Il y a trois, ou quatre, ou cinq *Védas*. Ce sont des livres de théologie sanscrite. La prétendue *création* y est célébrée dans des pages d'une éclatante poésie (Aitaréya-A'ran'ya).

Une autre *Écriture*, reçue aussi pour sacrée par les Indiens, se compose des douze livres des *Lois de Manou*, dont la rédaction a suivi celle des Védas.

Ces lois énoncent des maximes de morale naturelle, plus ou moins pures, notamment sur le respect qui est dû aux épouses et aux mères (l. 3, v. 55 seqq), sur les devoirs des gouvernants et des diverses classes, (l. 7 et 9), sur les obligations civiles (l. 8), contre la violence, le vol, la passion du jeu, la débauche. Les rapports avec les femmes y tiennent une place excessive. On y trouve des notions de psychologie (l. 2, v. 88 seqq), de pédagogie (l. 2, v. 225 seqq), de politique, d'art militaire et de commerce. Mais ces sages instructions sont noyées dans des torrents de divagations mystiques et de prescriptions superstitieuses et tyranniques.

Manou se donne pour créateur de l'univers et fils d'un être immuable (l, v. 33). Ses livres paraissent avoir pour principale visée d'établir « *Les Droits des Brâhmanes* sur toute la création ».

Le Brâhmane est placé au premier rang sur cette terre; souverain seigneur de tous les êtres... il a droit à tout ce qui existe;... il ne donne que son avoir; c'est par sa générosité que les hommes jouissent des biens de ce monde (v. 99-101).

Les rois sont tirés de l'essence des principaux dieux; ils ont pour aide le *génie du châtiment*, qui régit tout le genre humain (Livre 7, no 5-22). Mais les Brâhmanes sont au-dessus des soldats et des rois. Les rois doivent vénérer les Brâhmanes, qui sont les premiers entre les hommes, comme les hommes sont les premiers entre les êtres intelligents (v. 96).

Les lois de Manou consacrent la répartition de la nation indienne en quatre castes, dont la 1re est la caste *sacerdotale* ou des Brâhmanes, la 2e, la caste *militaire* et *royale* ou des Kchatriyas, la 3e, *commerçante* et *agricole* ou des Vaisyas, la 4e, *servile* ou des soudras.

Le Brâhmane a l'enseignement des Védas...., le droit de donner et de recevoir. — Le Kchatriyas doit protéger le peuple ... sacrifier, lire les livres sacrés, exercer la charité. — Le Vaisyas a pour fonction l'étude des livres saints, le labourage, le commerce, le prêt à intérêt. — Le Soudras n'a qu'un office, servir et respecter les autres classes (v. 18-91).

Ces castes, instituées religieusement pour tous les genres de tyrannie, peuvent être regardées comme la cause principale de la décadence profonde, peut-être irrémédiable, où sont tombées les nations indiennes. Et cependant ces nations sont regardées comme la souche de tous les peuples de l'Europe. Mais heureusement la distinction abrutissante des castes s'est effacée dans la transmigration.

La hiérarchie des castes indiennes est profondément instructive. On y voit que la foi domine le monde avant le fer, l'adresse persuasive au-dessus de la force brutale ; puis, les deux forces s'unissent dans la main des souverains, et alors elles assujétissent, exploitent et humilient tout ce qui travaille et produit.

FIN DE LA PREMIÈRE PARTIE

DEUXIÈME PARTIE.

L'HISTOIRE ÉCRITE.

Divisions du temps et de l'histoire.

Les hommes antiques qui les premiers voulurent écrire l'histoire, durent être portés à recueillir et à fixer les souvenirs que les générations successives s'étaient transmis d'âge en âge. Ces souvenirs, portés de bouche en bouche, constituaient les *traditions* de chaque peuple.

Connaissant le penchant universel et presque invincible qui entraîne les masses ignorantes vers le merveilleux, on ne peut pas s'étonner que dans leurs traditions la vérité fut mêlée de beaucoup de fables. La critique impartiale de ceux de ces livres qui sont arrivés jusqu'à nous, éclaire et justifie cette supposition.

Ces fables, qui ont passé souvent d'une nation à une autre et même à plusieurs autres, se sont diversifiées, transformées, selon le génie des peuples qui les ont reçues pour sacrées. Elles ont tenu une très-grande place, la plus grande place, dans leurs croyances; elles ont exercé une influence considérable sur leurs destinées; et cette place et cette influence subsistent encore aujourd'hui, bien que fort amoindries par le progrès variable des lumières.

Nous écartons toutes ces légendes. Elles peuvent être ailleurs un objet d'enseignement; elles ne sauraient être un objet de chronologie : cette science n'admet que les faits datés et naturels; il ne nous est pas permis d'en présenter d'autres à la jeunesse.

Divisions du temps.

Le *jour* est réglé par le cours apparent du soleil. C'est le temps qui s'écoule entre deux passages consécutifs de cet astre au méridien.

On divise le jour en 24 *heures*.

Dans l'ancienne Europe, on comptait les heures d'une à 24, à partir du soir jusqu'au soir du jour suivant. Nous avons vu encore, vers le milieu de ce siecle, l'horloge publique de la ville de Naples garder cette incommode notation des heures, qui est celle de la lithurgie catholique. Aujourd'hui toutes les montres marquent douze heures; et le jour a, pour nous, deux parties égales, — à savoir, douze heures à partir de midi, et autant à partir de minuit.

La *semaine* est de sept jours. C'est à peu près le quart

de la révolution mensuelle de la lune. C'est la mesure d[u] temps la plus ancienne et la plus générale : on la retrouv[e] dans les calendriers de tous les peuples.

Des sept jours de la semaine, six ont gardé les nom[s] des planètes, que les Latins leur avaient donnés :

lundi, jour de la Lune,
mardi, » » Mars,
mercredi, » Mercure,
jeudi, » *Jovis* ou Jupiter,
vendredi, » Vénus,
samedi, » Saturne (qu'on explique aussi par l[e] *sabat* juif),

dimanche, jour du soleil chez les Latins, jour *dominical*, jour du repos, pour les nations occidentales.

Calendrier.

L'année. On voulut d'abord régler l'année sur la révolution sidérale de la lune. On n'y réussit pas du premie[r] coup. Romulus, guerrier législateur, sabra une année d[e] 304 jours, et la divisa en dix mois :

1. *Mars*, du nom du dieu qui était censé le père de Romulus;
2. *Aprilis*, (Avril), de ce que la terre et les graines e[t] les bourgeons s'*ouvrent* pour végéter;
3. *Maius*, (Mai), consacré aux ancêtres (*majores*) ou à Maia;
4. *Junius*, (Juin), » à la jeunesse;
5. *Quintilis*, (Juillet); consacré plus tard à *Jules* César, promoteur de la troisième réforme du calendrier romain;
6. *Sextilis*, (Août); consacré plus tard à Auguste par émulation de basse flatterie;
7. *September*, (7bre)
8. *October*, (8bre)
9. *November*, (9bre)
10. *December*. (xbre)

} Ces quatre mois, ainsi que les deux précédents, furent nommés simplement d'après leur numéro d'ordre.

On voit que, de ces dix noms imposés, dit-on, par Romulus, les nations modernes en gardent encore huit, à savoir, les quatre premiers et les quatre derniers, quoique ceux-ci soient en désaccord avec leur numéro d'ordre réformé. *Quintilis* et *Sextilis*, ayant été plus tard dédiés à Jules César et à Auguste, devinrent *Julius* (Juillet) et *Augustus* (Août).

Numa, réformant le calendrier, ajouta deux mois au commencement de l'année de Romulus :

Januarius, janvier (de *janua*, porte, ou du dieu Janus), parce qu'il ouvre l'année,

Februarius, février, (de *februare*, purifier, pratique superstitieuse ou hygiénique).

Numa fit ainsi une année de 355 jours, exactement lunaire, qui, au moyen d'intercalations plus ou moins irrégulières, se maintint jusqu'au temps de Jules César. Ce dictateur, aidé de l'astronome Sosigène, institua l'année solaire, dans le but de maintenir la vie civile et la supputation du temps en rapport exact avec les saisons. Et, comme la révolution du soleil dure 365 jours et six heures moins onze ou douze minutes, il institua une année de 365 jours, à laquelle on ajouterait, tous les quatre ans, un 366e jour. Cet ajoutage se faisait en *doublant* le sixième jour (*sextus*) avant les calendes : d'où le nom de *bissextile*, que l'on donne à cette quatrième année.

Les onze ou douze minutes comptées de trop chaque quatrième année laissaient l'année civile en retard de l'année solaire. Ce retard accumulé s'élevait à dix jours en l'an 1582 de notre ère. Le savant Clavius, sous l'autorité du pape Grégoire XIII, y remédia en annulant onze jours du mois d'octobre de cette année, et en réglant pour l'avenir qu'on omettrait le jour bissexte à la dernière année de chaque siecle, excepté à chaque quatrième siecle. Pour rendre la réforme complète, Laplace veut qu'on omette une bissextile tous les quarante siecles.

Les Russes n'ont pas admis la réforme grégorienne, et ils sont aujourd'hui de douze jours en retard sur notre calendrier. Ils donnent pour excuse qu'ils ont secoué le joug tyrannique des papes. Ils ont bien fait : mais est-ce une raison pour secouer le joug salutaire de la science ?

Calendrier républicain.

La Convention républicaine a voulu simplifier le calendrier et en régulariser les termes. Elle a décrété que tous les mois auraient uniformément trente jours, et que l'on ajouterait, après le douzième mois, cinq ou six jours comme *complément* de l'année. Les noms qu'elle a imposés aux mois peignent la différence des saisons, qui se distinguent en outre par la terminaison de ces noms. Ce sont :

Automne	Vendémiaire	(mois des vendanges),	répondant aux 9 ou 10 derniers jours de septembre et aux 19 ou 20 premiers jours d'octobre ;
	Brumaire	(» des brouillards),	9 ou 10 j. d'octobre, 19 ou 20 j. de novembre;
	Frimaire	(» des frimas),	» novembre — décembre;
Hiver	Nivose	(» de la neige),	» décembre — janvier;
	Pluviose	(» de la pluie),	» janvier — février ;
	Ventose	(» du vent),	» février — mars;
Printemps	Germinal	(» de la germination),	» mars — avril;
	Floréal	(» des fleurs),	» avril — mai;
	Prairial	(» des prairies),	» mai — juin;
Été	Messidor	(» des moissons),	» juin — juillet;
	Thermidor	(» de la chaleur),	» juillet — août;
	Fructidor	(» des fruits),	» août — septembre.

La Convention voulut que l'année commençât au point fixe astronomique de l'équinoxe d'automne, et que chaque saison répondît exactement à trois mois égaux, sauf les jours *complémentaires*. En outre, elle abandonna l'antique semaine, pour diviser chaque mois en trois *décades*, comme elle divisait chaque saison en trois mois.

C'est cet abandon de la semaine qui suscita le plus de récriminations contre le calendrier nouveau. On prétendit que les bœufs se refusaient à porter le joug chaque fois que revenait le septième jour de l'ancienne semaine. Cela n'aurait rien de surnaturel ; il est connu que les animaux ont (aussi bien que l'homme) la mémoire des faits qu'ils répètent ; leur souvenir n'est qu'un sentiment conservé.

Le calendrier républicain a été supprimé par le *Sénat de l'empire*, à partir du premier jour de l'année 1806.

Ères.

Pour numéroter les années et les siecles qui se succèdent, chaque nation a pris pour point de départ un fait mémorable de son histoire ou un personnage célèbre. La série des temps qui se déroule ainsi à partir d'une époque fixe est ce qu'on nomme une *Ère*.

L'ère des *Romains* commençait à la fondation de Rome (753 ans avant notre ère vulgaire);

L'ère des *Grecs*, à la première *Olympiade* (776 ans avant notre ère);

L'ère de *Nabonassar*, roi de Babylone, a commencé (747 ans avant notre ère);

L'ère des *Séleucides* commençait au règne de Séleucus Nicanor, 312 ans avant notre ère. (Elle est encore usitée chez quelques chrétiens d'orient.)

L'ère *chrétienne* part, selon les chronologistes les plus autorisés, de la vingt-septième année de l'empire d'Octave Auguste. C'est ce que nous nommons *l'ère vulgaire*, parce qu'elle est en usage sur une grande partie de la terre, notamment chez toutes les nations Européennes ou dérivées de l'Europe.

L'ère des Mahométans, appelée *l'hégire*, part de l'année où Mahomet s'enfuit de la Mecque (622 de l'ère vulgaire).

L'ère de la *république française* date du premier vendémiaire an I, jour qui répond au 22 septembre 1792 de l'ère vulgaire.

Divers historiens, et les auteurs qui les ont suivis, ont employé une ère de la *création*, dont l'époque vacille entre 3761 (les Juifs modernes), 3983 (le p. Pétau), 4004 (Usher dit Usserius), 4963 (l'Art de vérifier les dates), etc .. et 6984 (Tables Alphonsines). Ce prétendu fait de la création, n'étant appuyé sur aucune observation ni aucune preuve, ne pouvait fournir qu'une ère arbitraire et fictive, qui est tout-à-fait abandonnée

Divisions de l'histoire.

Indépendamment de ces ères, tous les auteurs sont dans l'usage de diviser l'histoire en quelques grandes périodes. On range dans *l'histoire ancienne*

tous les temps écoulés avant notre ère vulgaire et de plus les quatre premiers siecles de cette ère, vers la fin desquels l'invasion des Barbares a bouleversé l'Europe, et l'empire romain a été partagé définitivement en empire d'occident et empire d'orient. Du cinquième siecle de notre ère jusqu'au milieu du quinzième s'écoule ce que tout le monde appelle

le *moyen âge*,

que l'on termine à la prise de Constantinople par les Turcs en 1453. Et l'on fait commencer

l'histoire moderne

à partir de cette révolution orientale.

Mais les grandes découvertes qui, dans notre siecle, ont si prodigieusement reculé les origines connues du genre humain, font sauter aux yeux l'énorme et choquante disproportion de ces divisions usitées de l'histoire. Ce qu'on appelle l'histoire ancienne a plusieurs milliers de siecles dans les périodes dites *préhistoriques*; et de plus elle n'a pas moins de 10000 ans depuis l'établissement des premières nations; tandis que l'histoire dite moderne ne compte que cinq cents et quelques années.

On serait donc plus près des faits actuellement connus si l'on marquait trois grandes phases de l'Humanité :

l'antiquité préhistorique,

dont le commencement est inconnu, et dont la fin peut être marquée au centième siecle avant l'ère vulgaire (voy. ci-devant page 1 à 34);

l'antiquité historique,

qui s'étendrait depuis le centième siecle jusqu'au commencement de l'ère vulgaire (voy. ci-après p. 41 suiv.);

et le *moyen âge*,

qui comprendrait d'abord les vingt siecles de l'ère vulgaire, puis ceux qui s'écouleront encore jusqu'à ce que l'Humanité soit vraiment établie dans l'état nouveau, équitable et régulier, auquel elle tend par sa nature sociale et par tous ses efforts. Alors commencera

l'histoire moderne,

à la porte de laquelle nous sommes encore consignés.

FIN DE LA DEUXIÈME PARTIE.

TROISIÈME PARTIE

Chronologie de l'histoire ancienne.

La chronologie (*chronos* temps, et *logos* discours, traité) retrace les événements historiques dans l'ordre des temps où ils se sont accomplis.

100e siecle avant notre ère vulgaire.

Egypte. La haute Égypte était habitée (par des Sémites? ou Syro-arabes). Ils étaient gouvernés par des prêtres Thébains. Ils cultivaient la terre, plusieurs arts mécaniques, ainsi que la peinture, la sculpture, l'astronomie.

Leurs observations de l'étoile Sirius remontaient authentiquement à plus de 11000 ans. Platon voyait chez eux des peintures et des sculptures aussi belles que celles de son temps; et il déclare positivement qu'elles étaient faites depuis dix mille années. (Plat. Lois.)

L'**Europe** était dans la période alluviale et à l'âge de la pierre polie. L'évolution du règne animal* était arrivée aux espèces actuellement vivantes.

90e siecle.

Les **Ioniens** (Grecs primitifs) sont établis en Europe.

71e siecle.

Les **Kushites** (1) dominent en Asie.

63e siecle.

Perse. Le législateur Zerdust (que nous nommons Zoroastre) réforme les cultes Iraniens (Bactriens). Il consacre le respect dû à l'agriculture. (Aristote).

(L'époque de Zoroastre est très-controversée : quelques-uns l'avancent jusqu'au dix-septième siecle).

60e siecle.

Suisse. Fin de la période de la pierre polie. (Morlot)

(1) Khousistan = Chusistan (Susiane). On les croit originaires d'Ethiopie.

59e siecle.

Egypte. Ménès, premier pharaon de la première dynasde, fonde Memphis. Ecriture hiéroglyphique. (Rodier)

L'histoire de l'Egypte ancienne, écrite par Manéthon, prêtre égyptien, sous le règne du roi Grec Ptolémée, a été perdue; mais la chronologie des vingt-quatre dynasties a été conservée par des écrivains postérieurs (Eusebe, Jules Africain, Georges-le-Syncelle). M. Mariette a trouvé récemment à Saqqarah et à Abydos des listes qui confirment celles de Manéthon.

La première dynastie a duré 253 ans, de 5853 à 5600. Les Egyptiens avaient ce qui fait dire qu'un peuple est civilisé, — animaux apprivoisés, industrie, gouvernement, écriture.

58e siecle.

Egypte. Athotis, fils de Ménès, pratique la médecine, écrit un livre d'anatomie, commence la construction du palais de Memphis.

57e siecle.

Egypte. Uénéphès, quatrième roi de la première dynastie, fait ériger une pyramide près de Kokomé (aujourd'hui Saqqarah).

Une grande famine dépeuple l'Egypte.

51e siecle.

Egypte. Orientation et construction des pyramides de Giseh et d'Abousséir.

Visiter le musée des Antiques au Louvre, et remarquer les statues qui se rapportent à la deuxième dynastie.

On voit aussi, à ce musée, des figurines d'or, trouvées dans un temple de la quatrième dynastie; ce sont des chefs-d'œuvre de ciselure.

40e siecle.

Europe. Fin de la période du bronze. — Age du fer.

Egypte. Khefren, troisième roi de la quatrième dynastie.

Sa statue (exposée à Paris en 1867).

Notre bibliothèque nationale possède un livre d'écriture hiéroglyphique, composé par un prince de la cinquième dynastie.

35e siecle.

Se-Osiris (Sésostris) se rend maître de l'Ethiopie, de l'Asie-mineure, de la Thrace et d'une partie de la Scythie. — Il est vaincu par Tanaüs, roi des Scythes (ou des Touraniens). — Sésostris fait achever l'obélisque de Louqsor.

34e siecle.

Evechous, premier roi national de la Chaldée.

31e siecle.

3064. **Egypte.** La onzième dynastie ramène le gouvernement à Thèbes.

Brillante époque de l'art égyptien.

30e siecle.

Asie. La race Aryane, partie des plateaux de l'Inde centrale (l'Arye), se répand dans l'Asie-Mineure, le Caucase, la Scythie. — La race sémitique s'étend dans l'Arabie, la Palestine, le Misraïm (Egypte).

(Cette date, tirée de Moïse (Gen. X) et de l'auteur juif Josephe (*Antiq. Jud.* I), doit probablement être reculée jusqu'au centième siecle, où l'Egypte était déjà occupée par les Sémites. (Voyez plus haut, p. 43).

Chine. L'empereur Fo-hi signale les plantes médicinales; — régularise l'écriture par cordelettes nouées; — institue le mariage avec des cérémonies destinées à le rendre respectable; — crée la monnaie de cuivre; — fait un calendrier, — une lyre, — une guitare.

29e siecle.

Egypte prise et ravagée par les hycsos, pasteurs Arabes et Phéniciens (Kushites, entrés par l'isthme de Suez).

28e siecle.

2704. **Chine.** L'empereur Hoang-ti fait usage de la boussole; — pousse aux progrès des sciences et des arts; — fait construire une sphère; — regle les poids et les balances; — la distinction des tons de la musique; — les barques; — la teinture des étoffes; — les armes et les chariots; — la monnaie. Il fait un traité de médecine. Sa femme fait filer la soie.

Leurs réformes excitent, dit-on, l'enthousiasme du peuple (c'est à-dire de leur entourage, — ou des classes que ces réformes intéressaient immédiatement).

27e siecle.

Assyrie. Babylone fondée par Nemrod; Ninive par Assur. (Mo. Gen. x.)

Egypte. La ville de Thèbes était sous la domination des prêtres. (Diodore, I.)

24e siecle.

2357. **Chine**. Yao empereur. Grande inondation. Observations astronomiques de la précession des équinoxes; — de l'aplatissement de la terre aux pôles.

23e siecle.

Assyrie. Bélus, roi de Ninive, prend Babylone.

Ninus soumet la Médie, la Bactriane, l'Arménie. Il s'empare de l'Egypte, et la rend tributaire.

2233. Sémiramis institue l'observatoire de Babylone. Elle fait construire des routes, des aqueducs, des forteresses.

Chaldée. Le sémite Abram quitte Ur pour venir en Chanaan (Gen. xii). Ses deux fils : Ismaël, fils d'Agar, père des Ismaëlites, Isaac, fils de Sara, père des Hébreux.

2205. **Chine**. Yu, premier empereur de la dynastie des Hia.

22e siecle.

2155. Eclipse de Soleil, observée la première année de l'empereur Hong-Kong.

Egypte. Dix-septième dynastie. Les pasteurs hycsos expulsés de la Basse-Egypte par le pharaon Ahmès (Amosis de Manéthon).

D'autres Arabes pénètrent en Chaldée.

Moïse dit que les Egyptiens avaient horreur de l'art pastoral (Gen. xlvi). Cela se conçoit, car la multiplication des quadrupèdes devait refroidir la crédulité qui en faisait des dieux. C'est probablement la cause qui leur fit plus tard rejeter les Hébreux (race pastorale), lorsque les rois eurent oublié les services de Joseph.

21e siecle.

Egypte. Age littéraire.

Le *papyrus de Turin* donne un tableau chronologique

de l'histoire d'Egypte, depuis les temps primitifs jusqu'à la dix-huitième dynastie (ou période ou groupe de rois). Horus est le dernier pharaon de cette dynastie.

Bijoux en or de la reine Aah-Hotep (trouvés dans sa momie).

Joseph, fils de Jacob, tire parti d'une terrible famine pour soumettre le peuple à la servitude de la glèbe, au profit du pharaon Ramsès (Gen. XLVII).

Voici, en résumé, et réduit à des termes naturels, le récit que fait Moïse de cet acte d'une atroce tyrannie. Pendant plusieurs années, il y eut en Egypte une abondance extraordinaire de céréales. Joseph, premier ministre du pharaon, en fit d'immenses provisions dans les greniers royaux. (Moïse ne dit pas si le ministre s'empara des blés par la force, ou s'il les paya avec l'argent qu'il tirait du peuple.) Survinrent des années d'une disette affreuse. Le peuple, mourant de faim, adressa au gouvernement ses plaintes et ses prières. Le premier ministre leur vendit les blés dont il était le détenteur, d'abord au prix de tous leurs animaux domestiques, brebis, bœufs, ânes et chevaux, puis au prix de leurs terres, et enfin de leurs personnes, en sorte que le pharaon devint l'unique propriétaire de tout le sol de l'Egypte et de tous ses habitants, devenus esclaves royaux. Mais la « terre sacerdotale » ne fut pas vendue au roi, Joseph ayant eu le soin politique de fournir gratuitement des vivres à ses possesseurs, qui en conséquence restèrent seuls libres et maîtres de leurs personnes et de leurs biens. Les prêtres furent exempts aussi de l'impôt du vingtième, au prix duquel le premier ministre donna aux Egyptiens la faculté d'ensemencer leurs terres. (Gen. XLI et XLVII).

20e siecle.

Egypte. Thoutmès III gagne la bataille de Mégiddo contre les chefs des Chananéens ligués pour la défense de leur pays.

Il prend cent dix-neuf villes en Chanaan. — Il envahit l'Ethiopie, — et le pays des Sômal.

Pilônes du grand temple de Karnac.

Inde. Le Manou Soua-Yambhouva, premier législateur des Indous. (Voy. p. 34)

Grèce. Inachus, chassé d'Egypte, s'établit en Argolide.

Pélasges en Grèce. — Finnois en Scandinavie. — Galls (dans les forêts) entre le Rhin, la Garonne et les Alpes; — dans l'Albion (Angleterre); — dans l'Irin (Irlande). Fétichisme. — Ibères en Espagne, ..., en Aquitaine (Strabon).

19e siecle.

Grèce. Ogygès, roi d'Attique et de Béotie. Déluge qui dépeuple ces deux contrées. (Strabon).

Illyriens Vénètes, Liburnes et Sicules entre les Alpes et les Apennins. (Denys d'Halicarnasse).

Phénicie. Des Colons, venus de Syrie, fondent Sidon.

17e siecle.

Egypte. Dix-neuvième dynastie : Ramsès II ou Ménephtah (le pharaon de Moïse). Deuxième obélisque de Louqsor.

Le papyrus dit de Turin a été rédigé sous le regne de Ménephtah. Il confirme les listes de Manéthon.

1645. **Palestine**. Moise, chef de l'émigration des Hébreux, d'Egypte en Palestine. La *Genèse* lui est attribuée.

La législation que Moïse imposa aux Israëlites a de belles parties, conformes à la morale naturelle : il ordonne le respect des père et mère, la subordination de la famille, la fidélité entre époux, l'amour et l'aide mutuelle entre les hommes, la sincérité et la foi des promesses; il permet le divorce sous des conditions définies; il fixe le droit aux successions; il restreint la possession de la terre à un temps limité. Il condamne la violence, le meurtre, le vol, la calomnie, l'injure, le faux témoignage; il institue des juges auxquels il enjoint la plus stricte impartialité. Mais, d'un autre côté, il multiplie à l'infini les prescriptions mystiques et lévitiques, il institue la peine barbare du talion, il admet le droit de guerre et de conquêtes; il consacre le massacre des vaincus, l'esclavage, même entre Israëlites; il prodigue la peine de mort; il ôte au peuple tout pouvoir, et le livre aux prêtres et aux pontifes.

1643. **Attique**. Cécrops fonde Athènes. Il y introduit les lois et les superstitions de l'Egypte. Il établit un tribunal qui devient plus tard l'*aréopage*.

1640. **Phénicie**. Agénor fonde Tyr, qui fut longtemps le centre du commerce.

1630 **Thessalie**. Le Scythe Deucalion établit des Léléges et des Curètes en Hémonie. (Hérod.).

Ses fils, Amphytrion et Hellen, chefs des Ioniens, des Eoliens, des Achéens et des Doriens.

1620. Pélasges conduits par Œnotrus et Peucétius sur les bords de l'Albula (le Tibre). (Den. d'Halic.).

1605. **Judée**. Josué introduit les Hébreux dans le pays de Canaan, et les y établit, après avoir détruit les villes et massacré ou réduit en esclavage les habitants.

A Josué succédèrent, comme chefs de la nation, des *Juges* suprêmes, dont les principaux furent Othoniel, Gédéon, Jephté, Samson, Héli, Samuel.

16e siecle.

1580. **Grèce**. Cadmos amène des Tyriens en Béotie.

Il ajoute des lettres phéniciennes à l'alphabet.

1579. **Lydie**. Mœon, et après lui les Atyades.

1572. **Danaos** amène des Egyptiens en Argolide.

Lacédémon agrandit Sparte (Paus.)

Association Amphyctionique entre les Hellènes du centre pour la défense de leur pays.

Espagne. Les Tyriens fondent Gadès (aujourd'hui Cadiz).

1520. Les **Tyriens** fondent Utique... puis d'autres colonies en Afrique, en Espagne et en Sicile...

Ils commercent par mer jusqu'en Inde et jusqu'en Bretagne, — par caravanes jusqu'en Sérique (Strab.)

Egypte. Le roi Séthos-Ramsès conquiert l'Assyrie.

.... Sésac, premier roi de la vingt-deuxième dynastie, envahit la Judée, prend Jérusalem.

Phrygie. Troie fondée ou fortifiée par Dardanos.

Les Galls, Celtes et autres, envahissent l'Espagne occidentale (Diod.).... Ibères Sicanes en Italie (Thuc.), puis (1 400) en Trinacrie (Sicile); — Ligures, des Pyrénées aux Alpes (*Festus Avien.*); — Silures en Albion (Tacite, Agric.).

1500. **Crête**. Minos, législateur, fonde la société civile sur la liberté de tous les citoyens.

... Les Dactyles Curètes, venus avec lui de Phrygie, policent les Thraces..... les Hellènes. (Diod.)

15e siecle.

1480 à 1370. **Grèce**. Etablissements et domination des Hellènes **Eoliens** dans l'Hémonie, l'Œtolie, la Messénie, etc; — **Ioniens** dans l'Attique et l'Ægialus; — **Achéens**, en Phthiotide; — **Doriens** *Macédons* dans le Pinde (*Hérod.*).

— Thraces en Béotie, — en Attique (Strab. l. 8 et 9). Orphée, Linus, leurs chefs, poëtes et musiciens civilisateurs. Eumolpus institue les Mystères d'Eleusis (Marb.).

14e siecle.

Inde. Calendrier des Védas. (Voyez p. 34).

Assyrie. Vul-Nirari premier.

1382. **Egypte**. Vingtième dynastie.

1380. **Grèce**. Pélops conduit des Phrygiens et des Achéens en Elide.

Ils s'étendent dans la Laconie et l'Argolide.

1364. **Galls**. Ombres entre l'Eridan (Pô) et l'Albula (Tibre). Sicules en Sicanie. (Den. d'Hal.).

1349. **Judée**. Gédéon, quatrième juge.

1330. **Grèce, Asie-mineure**. Exploits et domination d'ALCIDE.

Les douze travaux attribués à Hercule sont probablement dus à plusieurs héros, qui ont rempli du bruit de leurs exploits divers pays, l'Asie-mineure, l'Afrique, la Gaule, l'Espagne, l'Italie.

Les Argonautes, Hellènes commandés par Jason, purgent les mers (Thuc.).

Latium. Evandre y conduit des Pélasges Arcadiens. (Virg. Œn. l. VIII).

1323. **Grèce**. Regne et législation populaires de Thésée (Marb. Plut.). — Œdipe roi de Thèbes.

Après lui, ses deux fils, Etéocle et Polynice, devaient régner chacun une année. Etéocle, quand vient le tour de son frère, refuse de quitter le trône. Les rois de la Grèce s'allient pour l'y contraindre.

1313. Guerre des sept chefs, devant Thèbes, pour rétablir Polynice. Ils échouent. (Marbr.)

Les Epigones (leurs fils) recommencent la guerre, prennent Thèbes, et y établissent un fils de Polynice. (Hérod.)

1310. Les Héraclides, expulsés de l'Argolide, se retirent en Attique. (Thuc.)

Arts, **Sciences**. Janus apporte les arts grecs au Latium. Triptolème et Cérès perfectionnent l'agriculture. Linos invente la lyre. — Dœdalos invente le navire à voiles. — Esculape, Chiron, médecins.

13e siecle.

1297. **Assyrie**. Balétorès détrône Sémiramis II. Décadence de l'empire assyrien.

Téglat-Phalasar premier, cinquième roi de Ninive.

1270. **Phrygie**. Ruine de Troie : Ulysse, Achille, Diomède, Agamemnon, Ajax, Idoménée.—Grecs et Troyens. émigrés en Hespérie, fondent Bénévent, Métaponte, Salente, Albe. (Hom. Thuc.)

Tartarie. Domination des Huns. (De Guign.).

1259. **Afrique**. Carthage fondée par des Tyriens.

1241. **Judée**. Samson emploie sa force à délivrer sa patrie opprimée par les Philistins.

Il se laisse séduire par Dalila, qui le leur livre.

1200. **Grèce**. Les Thesprotes Thessaliens s'emparent de l'Hémonie et lui donnent leur nom.

Les Béotiens expulsés de l'Hémonie rentrent en Béotie.

12e siecle.

1190. **Grèce**. Les Doriens, sous les Héraclides, asservissent la Messénie, la Laconie et l'Argolide; — les Œoliens, l'Elide (Hérod.). — Monarchies mixtes. (Arist. Rép.).

Les Achéens refoulés dans l'Ægialus; — les Œoliens et les Ioniens, dans l'Attique. Violente oligarchie (Pausan.).

Décadence de l'Hellade (Strab. Paus.).
Les Pélopides emmènent des colonies d'Œoliens en Mysie : Cyme, Smyrne, Mitylène.

1116. **Grèce**. Dévouement de Codrus, dernier roi d'Athènes, contre les Doriens (Justin).

Colonies Doriennes en Carie; — Ioniennes en Lydie : Ephèse, Phocée, Milet, etc..

Colonie Tyrienne à Tartessus (Gadès).

Chéops tyrannise l'Egypte. Il abaisse les prêtres (Hérod.).

Arts, Sciences. Les Etats fondés par les Œoliens et les Ioniens en Asie-mineure inaugurent la gloire de la littérature grecque.

On rapporte à ce siecle le célèbre fabuliste Arabe Loqman.

Les Chinois fabriquent des étoffes de soie.

11e siecle.

1080. **Judée**. Saül est sacré roi des Hébreux par Samuel dernier juge.

Les Israëlites dominent en Asie. Conquêtes de David.

Il fait tuer Urias.

1012. Salomon, fils de Bethsabée, fonde le temple de Jérusalem. Il donne une grande impulsion au commerce.

Il est célèbre par ses jugements, ses poësies, son luxe, — et méprisable par ses royales débauches.

Inde. Bouddha propage la religion qui de son nom est appelée bouddhisme et qui se répand dans le midi de l'Asie.

On croit que dans ce siecle furent inventées à Corinthe la peinture à une seule couleur, et la plastique ou sculpture en terre molle.

La poësie produit, chez les Juifs, les *Psaumes* de David, les cantiques et les œuvres morales de Salomon.

10e siecle.

962. **Judée**. Schisme des dix tribus d'Israël, qui prennent pour roi Jéroboam.

Les tribus de Juda et de Benjamin restent seules sujettes de Roboam, et forment le royaume de Juda. Le royaume d'Israël aura pour capitale Samarie, qui sera fondée par Amris, père d'Ahab.

Sehnéhis, premier roi de la vingt-deuxième dynastie égyptienne (Sésac de la Bible juive), envahit la Judée avec une armée d'Egyptiens, de Lybiens, de Troglodites et d'Ethiopiens.

Il prend Jérusalem avec d'autres places fortes. (Paralip. Inscriptions hiéroglyphiques.)

940. **Assyrie**. Assur-Dan II.

Kimris entre l'Ister et le Tanaïs. (Hérod.)

Les Etrusques soumettent l'Ombrie. (Plin.) Leur civilisation, leurs arts. Les Etrusques étaient des Ligures brachycéphales. Leur confédération comprenait douze cités. Le *Lucumon*, chef de chaque cité, était prêtre, juge et guerrier.

904. **Judée**. Josaphat, roi de Juda.

9e siecle.

885. **Péloponèse**. Constitution de Lycurgue.

Il n'admet comme citoyens que les Spartiates, descendants des conquérants ; les Laconiens possèdent avec eux les terres, que cultivent les Hilotes esclaves ; et les produits sont communs. Les deux rois sont maintenus, mais leur pouvoir est tempéré par un sénat de vingt-huit vieillards, dont les résolutions sont soumises à l'assemblée des citoyens. Éducation commune obligatoire, sévère, sobre et toute guerrière. Les richesses sont bannies. Le séjour de la Laconie est interdit aux étrangers.

Les *Chevaliers* supplantent les rois dans presque tous les états de l'Hellade. (Aristote, Rép.)

Puissance des Grecs d'Asie.

876. **Afrique**. Didon agrandit Carthage.

Egypte. A Tanis, vingt-troisième dynastie.

Assyrie. Shalmeneser, vainqueur à Karkar, disperse la ligue formée contre lui par Benhadad, roi de Syrie et Ahab, roi d'Israël.

Assur-Dan-Pal, fils de Shalmeneser, se révolte contre son père.

Vul-Nirari III rançonne le roi de Damas, les Philistins, les Israëlites, les Iduméens. (Ann. cunéiformes)

Judée. Athalie, fille d'Ahab, massacre ses petits-enfants pour régner sur Juda.

Arts, Sciences. Œuvres poëtiques célèbres : l'Iliade d'Homère, l'Odyssée ; la théogonie d'Hésiode ; les prophéties d'Isaie.

Les Babyloniens inventent les cadrans et les horloges ;

les Grecs, la peinture polychrome.

8e siecle.

799. **Macédoine**. Caranos (Héraclide), premier roi. (*Eusèbe*).

776. **Grèce**. *L'ère des Olympiades* commence en l'année où Corœbos remporte le prix du stade.

760. Théopompos, roi de Sparte, institue les éphores, qui limiteront le pouvoir des rois (comme les tribuns, à Rome, celui des consuls).

759. **Assyrie**. Arbacès, roi de Médie, et Bélésis, prêtre chaldéen, détrônent Sardan-Phul et mettent fin au premier empire d'Assyrie. Bélésis devient roi de Babylone, Phul de Ninive (second empire assyrien).

Egypte. Bocchoris, de la vingt-quatrième dynastie, est brûlé vif par Sabacon, roi du Soudan.

753. **ROME** fondée... Les Curies votent les lois; le sénat, composé de deux cents patriciens, les sanctionne; le roi en a l'exécution. (Den. d'Hal.) — Romulus, premier roi, assassine son frère.

752. **Athènes**. L'archontat est limité à dix ans.

746. **Assyrie**. Téglath-Pileser, vainqueur des rois de Rezin et de Damas, d'Azariah et Ahaz de Juda, de Menahem, Peka et Osea, d'Israël.

745. **Grèce**. La royauté abolie à Corinthe. République oligarchique, dont le chef est un prytane annuel, et où le pouvoir est aux mains de deux cents Héraclides, appelés les Bacchiades.

742. Première guerre de Messénie, provoquée par l'ambition des Spartiates. Doriens contre Doriens.

Le farouche Aristodème se défend dix ans dans le fort du mont Ithome.

Colonies Doriennes (Syracuse, Agrigente, Messine); — Ioniennes Catane, etc.) en Sicile; — Achéennes (Sybaris, Crotone) en Italie.

733. **Médie**. Déjocès, premier roi, police les Mèdes, et fonde Ecbatane; il règne paisiblement cinquante-trois ans.

727. **Assyrie.** Shalmeneser IV régularise les poids Assyriens.

721. Sargon s'empare du trône d'Assyrie, prend Samarie, massacre une partie des habitants et emmène le reste sur les bords de l'Euphrate. Fin du royaume d'Israël.

714. **Rome.** Numa, sabin, successeur de Romulus, règne en paix, adoucit les mœurs des Romains ; — réforme le calendrier ; — institue les *féciaux* (hérauts d'armes) pour prévenir les guerres injustes.

713. **Egypte.** Séthos, prêtre de Vulcain, abaisse les guerriers et arme le peuple. Anarchie après sa mort. (Hérod.)

708 ou 720. **Lydie.** Le roi Candaule est tué par Gygès, qui fonde la dynastie des Mermnades.

7e siecle.

684. **Grèce.** La guerre recommence entre les Spartiates et les Messéniens. Ceux-ci, vaincus malgré les prodigieux exploits d'Aristomène leur général, sont réduits en esclavage.

L'archontat devient annuel à Athènes.

665. **Egypte.** Vingt-sixième dynastie : Psammétik Ier, qui ne régnait d'abord que sur une petite partie de l'Egypte, chasse ses rivaux et rétablit l'unité du pouvoir.

Construction du labyrinthe.

Ninive. Splendeur des arts. Sardanapal v.

664. **Rome.** Ruine d'Albe par le roi Tullus Hostilius. Ses successeurs continuent à soumettre les peuples voisins.

660. **Grande-Grèce.** Locres reçoit des lois de Zaleucos.

Japon, conquis par Zin-mou, qui refoule vers le nord les Aïnos, habitants autochtones, et fonde la dynastie des *Mikados* (L. de Rosny).

658. **Judée.** Judith séduit Holopherne, général de Nabuchednasar, et le tue à Béthulie ; l'armée assyrienne épouvantée se disperse.

Médie. Phraorte, fils de Déjocès, impose un tribut aux Perses. Ayant attaqué les Assyriens, il est vaincu et tué après un règne de vingt-deux ans.

Cyaxare, son fils, se défend mal contre les Scythes, qui ravagent l'Asie pendant vingt-huit ans.

Italie. Splendeur de la Grande-Grèce.

657. **Thrace**. Byzance fondée par des Mégariens sur la côte ouest du Bosphore.

640. **Rome**. Ancus Martius encourage l'agriculture et le commerce.

Il fait construire une prison, le pont sublicius, et fonde le port d'Ostie à l'embouchure du Tibre.

631. Les **Scythes** ou Teutons, chassés de l'Imaüs, s'établissent entre le Tanaïs et l'Ister (Hérod.); les Kimris, dans la Chersonèse du Nord. (Strab.)

Vénètes, Pictons, Boïes, Sénons, etc. sous Hu, du Rhin à la Garonne et aux Cébennes; d'autres sous Prydain, dans l'Albion, jusqu'à la Tweed. Théocratie des Druides.

Les Druides se servaient du culte, dont ils étaient les ministres, pour exercer une autorité absolue sur les Gaulois. Ils instruisaient toutes les causes, rendaient tous les jugements, civils ou criminels, et les faisaient exécuter.

Ces prêtres s'exemptaient du paiement des impôts, du service militaire et de toutes les autres charges *(omnium rerum immunitatem*, Cæs.). De si grands priviléges faisaient désirer vivement d'entrer dans leur ordre. Ils enseignaient les jeunes gens nobles, et les retenaient quelquefois vingt ans sous leur discipline. Ils leur défendaient de rien écrire, pour deux motifs, dit César : parce qu'ils ne voulaient pas que leur doctrine se divulguât, et parce qu'ils craignaient que leurs disciples, se fiant à ce qu'ils auraient écrit, ne négligeassent de cultiver leur mémoire. (B. gall. VI.)

Grèce. Combats de la course et de la lutte pour les enfants, introduits aux jeux olympiques.

Egypte. Psammétik ouvre l'Egypte au commerce des Grecs, en leur permettant de s'établir à Naucratis.

625. **Assyrie**. Nabopolassar, aidé de Cyaxare, se fait roi de Babylone. Il détrône Sésac, dernier roi de Ninive, et détruit cette ville. Troisième empire d'Assyrie (chaldéo-babylonien).

Grèce. Périandre, l'un des *sept sages* de la Grèce, commande dans Corinthe.

Dracon, archonte, chargé de réformer les lois des Athéniens, leur donne un code cruel et impossible.

617. **Egypte**. Néchao fait faire par les Phéniciens un voyage autour de l'Afrique.

616. **Rome**. Tarquin l'ancien y introduit les arts et les superstitions des Etrusques. Il fait construire le grand égoût (qui subsiste encore en partie, sous le nom de *cloaca massima*).

606. **Judée**. Nébuchadnezzar (Nabuchodonosor II) déporte Eliakim et les Juifs à Babylone, où ils demeureront soixante-dix ans en captivité.

600. **Gaule**. Massalie fondée par les Phocéens d'Asie : civilisation grecque au sud de la Gaule.

Grèce. Guerre *sacrée*, ordonnée par le conseil amphictyonique contre les Brisséens et les Cyrrhéens. (Marb. Ep. 38).

Arts, Sciences. Le grec Glaucos parvient à souder le fer. — Thalès, de Milet, fait plusieurs découvertes en géométrie et en astronomie; il calcule les éclipses de soleil et de lune. — Poëtes grecs : Alcman, Archiloque, Tyrtée, Alcée et Sappho; — hébreux : Isaïe et quelques petits *prophètes*.

6e siecle.

593. **Athènes**. Solon, archonte, donne une nouvelle constitution. Il partage les citoyens en quatre classes d'après leur fortune. Le sénat, pris dans les quatre tribus, prépare les lois, qui sont soumises à la décision du peuple assemblé, et qui peuvent être révisées, et même cassées par l'aréopage. Les juges sont choisis tour-à-tour et indistinctement parmi tous les citoyens. Le divorce est permis. La liberté individuelle est assurée.

Démocraties en Grèce. (Arist. Rep. II).

Voyage du Scythe Anacharsis en Grèce.

587. **Gaule**. Galls Séquanes, etc. à droite du Danube

sous Sigovèse; — Galls Bituriges, etc. à gauche du Pô sous Bellovèse. (Tit. Liv., Justin).

578. **Rome**. Servius Tullius attribue les pouvoirs et les charges aux *centuries* des plus riches. (Den. d'Hal.)

570. **Assyrie** et **Egypte**. Nabuchodonosor II envahit l'Egypte. Le peuple couronne Amasis. (Hérod.)

561. **Grèce**. Pisistrate usurpe le pouvoir : il observe d'abord les lois de Solon, et fait fleurir Athènes.

554. Athènes déchirée par les factions. Premier exil de Pisistrate.

549. **Sicile**. Mort du tyran Phalaris à Agrigente.

Athènes. Pisistrate ressaisit le pouvoir. — Il est exilé de nouveau l'année suivante.

548. **Lydie**. Crœsus maître de l'Asie-mineure; — vaincu à Thymbrée.

538. **Perse**. Cyrus, roi des Perses et des Mèdes, prend Babylone sur Balthazar (Nabonid). Fin du troisième empire d'Assyrie.

Les murailles de Babylone étaient hautes de cent dix coudées (met. 57,76.) Elles avaient une étendue immense.

Epigraphie cunéiforme chez les Mèdes et les Perses.

Voir les bas-reliefs assyriens, au musée du Louvre.

Cyrus rend aux Juifs leur liberté et leur patrie.

Il établit les postes.

537. **Grèce**. Pisistrate redevient définitivement maître d'Athènes. Il encourage les arts de la paix.

Hipparque, son fils, héritier de son pouvoir illégal, est tué par Harmodius et Aristogiton, auxquels les Athéniens décernent de grands honneurs. — Hippias, après la mort de son frère, devient un tyran cruel.

534. **Rome**. Tarquin-le-superbe, septième et dernier roi. Despotisme cruel et avilissant.

527. **Egypte**. Conquise par Cambyse. Il tente en vain de soumettre l'Ethiopie et l'Oasis d'Ammon. Ses folies et ses cruautés.

522. **Perse**. Darius, fils d'Hystaspe, établit les impôts réguliers. Il fait vingt satrapies des cent vingt provinces de Cyrus.

Grèce asiatique. Mort violente de Polycrate, tyran de Samos.

521. **Gaule** cisalpine. Les Kimris Boïes ou Sénons s'établissent à droite du Pô. (Tit. Liv.)

509. **Rome**. Tarquin banni, pour la violence de son fils Sextus envers Lucrèce. Institution de la république romaine.

Elle est d'abord aristocratique et sera souvent troublée. Deux consuls patriciens, élus chaque année. Les premiers consuls sont Junius Brutus, qui sacrifie ses fils au maintien de l'État, et Valérius Publicola

Premier traité de commerce entre Rome et Carthage. (Den. d'Hal.)

Grèce. Hippias chassé d'Athènes.

504. **Perse**. Darius soumet l'Inde.

500. **Lydie**. Les Ioniens, aidés des Athéniens, prennent et brûlent Sardes.

Arts, Sciences. Pisistrate institue une bibliothèque à Athènes. — Les Grecs produisent d'illustres poëtes profanes, Simonide, Anacréon ; — les juifs, des mystiques, Jérémie et Baruch son secrétaire, Ezéchiel, Daniel, Zacharie. La comédie commence avec Thespis et Epicharme. Esope reproduit les fables de Lokman. Les *sept sages* érigent des écoles de philosophie. Pythagore contribue aux progrès des sciences mathématiques et de l'astronomie. Anaximandre construit des cartes géographiques, et Anaximène un cadran solaire.

Scylax, à l'instigation de Darius, explore le bassin de l'Indus.

Epigraphie cunéiforme à Babylone.

5e siecle.

498. **Rome**. Le sénat obtient du peuple l'institution de la dictature, magistrature curule, toute puissante, mais limitée à six mois. Lartius est nommé dictateur par le consul.

Les peuples voisins qui menaçaient de se soulever, et la *plèbe* romaine elle-même, sont contenus par la crainte.

496. Les latins s'efforcent de restaurer Tarquin. Leur défaite près du lac Régille affermit la république romaine.

Il redeviennent sujets de Rome, mais conservent leur liberté civile.

493. Le peuple, obéré et opprimé par les Patriciens, prend la position forte du Mont-sacré.

Il obtient du sénat l'abolition des dettes et la création de deux tribuns plébéiens électifs, annuels, avec droit de *veto*. — Il en aura plus tard cinq, puis dix.

492. **Perse**. Le roi Darius, irrité de l'appui que les Grecs ont donné à la révolte de l'Asie-mineure, envoie contre eux des troupes nombreuses, que Mardonius, son gendre, mène par le fouet.

Cet homme de cour, inexpérimenté, se laisse surprendre par les Thraces, qui lui tuent beaucoup d'hommes; sa flotte est détruite par la tempête près du mont Athos.

Avant de passer en Thrace, il avait permis aux villes grecques d'Asie de reprendre l'organisation démocratique.

490. **Grèce**. Bataille de Marathon, gagnée par Miltiade, commandant les Athéniens et les Platéens, sur Datis et Artapherne, généraux de Darius.

Dévouement héroïque de Cynégire, frère du poëte Eschyle.

Rome. Le patricien Coriolan, s'efforçant de faire annuler les conventions du Mont-sacré, est exilé par un comice des tribus.

Il se retire chez les Volsques. — Il les conduira criminellement contre sa patrie; mais il s'arrêtera devant les supplications de sa mère.

486. Première loi agraire, présentée par Spurius Cassius, patricien consulaire. Les riches le précipitent du haut de la roche Tarpéienne.

L'objet de cette loi était de reprendre et de distribuer aux pauvres les terres conquises appartenant à l'Etat, dont les grands s'étaient emparés.

485. **Grèce**. Le peuple Athénien condamne Miltiade, qui a échoué contre l'île de Paros. —

Il bannit Aristide, par *l'ostracisme*, craignant l'ascendant de sa vertu, ou fatigué de l'entendre appeler le *juste*.

Sicile. Gélon, tyran de Géla, puis de Syracuse.

Hiéron Ier, son frère, lui succédera.

484. L'**Egypte** soumise par Xerxès, après s'être défendue deux ans.

480. **Guerre médique**. Xerxès, suivi de trois millions d'hommes arrachés à l'Asie et à l'Afrique, entre en Europe par l'Hellespont.

Il est arrêté plusieurs jours aux Thermopyles par Léonidas, qui a mis de côté les Laconiens, et n'a gardé que ses trois cents Spartiates pour mourir avec lui. Les Perses, passant sur leurs corps, et profitant de l'inertie ou de la trahison des Thébains, envahissent et ravagent l'Attique, prennent Athènes abandonnée, et la livrent aux flammes. — Le roi que l'on appelait *grand* voit, assis sur son trône, détruire sa flotte à Salamine, et il regagne ses états par une fuite honteuse.

Sicile. Les Carthaginois, alliés des Perses, sont défaits à Himéra, par les Agrigentins et les Syracusains.

479. **Grèce**. Bataille de Platée. 100000 Grecs, commandés par Pausanias, roi de Sparte, taillent en pièces 300000 Perses, qui étaient restés en Grèce, sous les ordres de Mardonius.

Le même jour, les Perses sont vaincus à Mycale par Xanthippe, père de Périclès, et Léotychidas, roi de Sparte.

473. **Rome**. Le tribun Genucius, qui avait accusé deux consuls devant le peuple, est assassiné par les grands.

469. **Athènes**. Périclès solde le peuple pour porter les armes, juger et gouverner. Ce régime est maintenu quarante ans.

467. **Sparte.** Le roi Pausanias, convaincu de trahison, est enfermé dans un temple, où il meurt de faim.

466. **Grèce.** Les Grecs confédérés, sous la conduite de l'Athénien Cimon, gagnent une bataille navale sur les troupes d'Artaxerxès, à l'embouchure de l'Eurymédon.

461. Cimon s'efforce d'empêcher la rupture entre Sparte et Athènes. Suspect au parti démocratique, il est banni pour dix ans.

457. **Rome.** Cincinnatus, patricien laboureur, dictateur, vainqueur des Eques en seize jours.

450. Dix magistrats (*décemvirs*), auxquels est transporté le pouvoir des consuls, sont chargés, malgré l'opposition des patriciens, de faire un nouveau code de lois. Ils l'empruntent à la Grèce, le rédigent et le publient. C'est la célèbre *Loi des douze tables*.

L'année suivante, de nouveaux décemvirs se livrent à des excès qui font abolir le décemvirat.

Virginius a poignardé sa fille. Appius Claudius se tue dans sa prison.

449. **Grèce.** Cimon, deux fois vainqueur, impose à Artaxerxès Longuemain un traité qui interdit à la flotte Perse l'entrée des mers de la Grèce. Ce traité met fin à la guerre médique.

445. Périclès soumet l'île d'Eubée aux Athéniens.

Leur puissance est à charge aux peuples de la Grèce.

444. **Rome.** Tribuns militaires créés avec pouvoir consulaire.

Le peuple, ayant obtenu le droit d'y nommer des plébéiens, a la modération de ne choisir que des patriciens. Il revendiquera avec persévérance ses autres droits, d'élection et de gouvernement, et il en usera.

Les prérogatives des nouveaux tribuns sont diminuées l'année suivante par la création des *censeurs*.

431. **Grèce.** Guerre du Péloponèse. Elle durera vingt-huit ans. Tous les peuples Grecs se partagent entre les

deux républiques rivales, Athènes et Sparte. 60000 Péloponésiens envahissent l'Attique.

430. Peste d'Athènes. Elle enlève Périclès et moissonne toute la population entassée dans la ville. Elle sévit en plusieurs pays.

429. **Rome**. Tubertus, dictateur, fait mettre à mort son fils pour avoir combattu sans son ordre.

425. **Perse**. Xerxès II, successeur d'Artaxerxès, est assassiné par Sogdien, son frère, qui succombe, après sept mois, sous les coups de Darius Nothus, son autre frère. Celui-ci régnera vingt ans.

421. **Grèce**. Trêve ou paix de Nicias. Alcibiade, neveu de Périclès, pousse les Athéniens à la rompre.

413. **Macédoine**. Archélaos prépare la grandeur de son royaume en encourageant les arts et créant des villes, des routes, une armée.

406. **Athènes**. Dix généraux, vainqueurs aux îles Arginuses, sont mis en jugement pour n'avoir pas recueilli les morts et sauvé les équipages des galères désemparées. Six sont condamnés à mort, et exécutés.

Sicile. Invasions des Carthaginois, combattues par Denys, tyran de Syracuse.

405. **Grèce**. Lysandre surprend la flotte Athénienne à Œgospotamos. Conon ne peut sauver que huit galères. Lysandre égorge trois mille prisonniers Athéniens.

ROME. Le peuple obtient d'être soldé pour le service militaire. Siége de Véies, qui durera dix ans.

404. Athènes, après une défense héroïque, est prise par Lysandre, qui lui impose trente tyrans, et détruit les murailles de la ville et les fortifications du Pirée.

— Lysandre institue le revenu public à Sparte. — Les harmostes lacédémoniens exercent la tyrannie dans tous les états grecs.

403. Thrasibule délivre Athènes, rappelle les bannis, et rétablit les lois de Solon.

401. PERSE. Cyrus le jeune entreprend, avec des auxiliaires grecs,

de détrôner son frère Artaxerxès Mnémon. Il est tué au combat de Cunaxa. RETRAITE héroïque DES DIX MILLE Grecs au travers de pays hostiles et inconnus.

Arts, sciences. Grèce. L'esprit humain produit, principalement à Athènes, des chefs-d'œuvre immortels : Hérodote (d'Halicarnasse), Thucydide, Xénophon, créent ou perfectionnent l'histoire ; Lysias, Isocrate, l'éloquence de la tribune ; Eschyle, Sophocle, Euripide, la tragédie ; Aristophane, la comédie satyrique ; Corinne et Pindare (Thébains), la poësie lyrique ; Simonide, la mnémonique ; Phidias, Polyclète (de Sicyone), Miron, la sculpture ; Polygnote, Zeuxis, Parrhasius, Apollodore, la peinture à la fresque et sur bois ; Hippocrate (de Cos), la médecine. Ictinos construit le Parthénon. — Xénophane, Héraclite (d'Ephèse), Empédocle (d'Agrigente), Démocrite (d'Abdère), cultivent et enseignent la philosophie.

Ce siecle est justement surnommé *siecle de Périclès*, soit pour l'éloquence admirable à laquelle cet illustre Athénien dut le long exercice du pouvoir (454-429), soit pour la protection constante dont il couvrit les arts grecs au milieu des soins et des agitations de la guerre. — Mais la gloire d'Athènes est ternie par le fanatisme qui poursuivit Anaxagore et qui donna la mort à SOCRATE, le plus grand des philosophes pratiques.

CHINE. Le philosophe Khoung-tseu (ou Khoung-fou-tseu, que nous nommons Confucius) (484) écrit ou met en ordre trois des quatre livres classiques de morale et de politique des Chinois (*Chou-King*, livre excellent ou sacré). Son disciple Meng-tseu écrit le 4e.

4e siecle.

397. **Grèce** et **Perse**. Agésilas, roi de Sparte, porte la guerre en Asie.

Il ravage la Phrygie. Le satrape Tissapherne, vaincu, est mis à mort par ordre d'Artaxerxès, comme soupçonné de trahison. — Agésilas est rappelé pour défendre Sparte contre la coalition d'Athènes, Argos et Thèbes.

Rome. Prise de Véies par Camille, dictateur.

394. **Grèce**. Bataille près de Cnide, où la flotte Lacédémonienne est détruite par l'amiral Athénien Conon et le satrape Pharnabaze.

Les Athéniens, aidés de leurs alliés, fortifient le Pyrée, et rétablissent la longue muraille qui le joint à la ville. — Conon, devenu suspect aux Perses, est chargé de fers par Tiribaze. — Il meurt de maladie dans l'île de Cypre.

390. **Italie**. Pendant que Camille, exilé, est retiré chez les Volsques, trente mille Sénons de la Gaule cisalpine envahissent l'Etrurie, battent l'armée romaine à la sanglante journée d'Allia, prennent Rome et la livrent au fer et au feu. Manlius défend sept mois la forteresse du Capitole.

Il deviendra suspect et paiera de sa vie la recherche de la popularité.

— Camille rappelé force les Gaulois à se retirer.

La ville de Rome est reconstruite. Mais les petits peuples qu'elle avait soumis secouent son joug. — Les Gaulois, conduits par leurs brenn, renouvelleront cinq fois leur invasion avant la seconde moitié de ce siecle.

388. **Grèce**. Traité d'Antalcidas (général Lacédémonien) avec les Perses.

Sparte leur abandonne les villes grecques d'Asie, et proclame l'indépendance de celles d'Europe, ce qui annule la puissance des Athéniens. — Agésilas forcera les Thébains à rendre la liberté à Platées.

376. **Rome**. Présentation des *lois agraires* de Licinius Stolon et L. Sextius. — Le peuple ne les obtiendra qu'après dix ans d'efforts.

Grèce. Chabrias et Timothée rétablissent la suprématie maritime des Athéniens.

374. Les Thébains détruisent Platées. L'accroissement de leur puissance cause un rapprochement temporaire entre Athènes et Sparte. — Exploits d'Iphicrate.

371. Epaminondas remporte la victoire de Leuctres sur le roi Cléombrote. — Agésilas fortifie Sparte.

368. Les Thébains envahissent et ravagent la Laconie. Denys-le-jeune, tyran de Syracuse, envoie des secours aux Spartiates.

366. **Rome**. Camille dictateur perfectionne l'armure des Romains, et repousse encore une fois les Gaulois.

La loi Licinia, enfin acceptée, réduit les propriétés au maximum de cinq cents arpents (12 hectares et demi), attribuant le reste aux pauvres. — Elle sera mal exécutée. — La même loi autorise l'élection d'un consul plébéien. — Le peuple consent à l'institution de deux nouvelles charges patriciennes, la préture pour l'administration de la justice, l'édilité curule pour la police urbaine et les fêtes publiques.

363. **Arcadie**. Bataille de Mantinée.

Les Spartiates sont vaincus par les Thébains, qui paient leur victoire de la mort d'Epaminondas et de la perte de leur puissance.

Asie-mineure. Révolte de Datame et d'Ariobarzane contre Artaxerxès.

358. **Grèce**. *Guerre sociale* (entre Athènes et ses alliés maritimes). Charès, Chabrias, Timothée et Iphicrate. Athènes perd ses tributaires.

Guerre sacrée, qui a pour prétexte l'enlèvement du trésor de Delphes par les Phocédiens (ou Phocéens). Les Grecs s'affaiblissent pendant que Philippe s'agrandit.

Sicile. Denys, chassé de Syracuse, se retire dans la Grande-Grèce.

Dion, qui a chassé le tyran et gardé la tyrannie, sera assassiné (354), sans profit pour la liberté des Syracusains. = Denys reprend le pouvoir (356).

353. **Rome**. Les Plébéiens entrent en partage du consulat. — Création d'une banque de prêt à l'agriculture.

351. Marcius Rutilus, qui a été le premier consul plébéien, est nommé dictateur par le consul plébéien Popilius Lœnas. Il obtiendra la Censure.

343. La **Sicile** est affranchie par Timoléon.

340. **Italie**. Les Latins combattent pour recouvrer leur indépendance.

Le consul Décius Mus, dans un sentiment sublime de patriotisme égaré par la religion, se dévoue et meurt pour l'armée romaine (Plut. T. liv.).

339. Lois de Publilius Philo, dictateur populaire, qui assujettissent tous les citoyens aux plébiscites, et le sénat à les sanctionner d'avance (Tit. Liv.). L'un des censeurs devra être plébéien.

338. **Grèce**. Bataille de Chéronée, gagnée par Philippe II sur les Athéniens et les Thébains.

Il se fait élire, par le conseil amphictyonique, chef des Grecs contre les Perses. Il se disposait à passer en Asie, quand il mourut assassiné. (Diod.)

— Bagoas fait et détruit les rois de Perse. Il est tué par Darius III Codoman.

336. **Asie**. Alexandre, fils et successeur de Philippe, suit ses vues ambitieuses. Placé à la tête des troupes peu nombreuses (35 mille hommes) que toutes les villes de Grèce avaient mises sur pied, il gagne contre les Perses d'abord la bataille du *Granique*, puis celle d'*Issus*, et enfin celle d'*Arbelles*. Après avoir fait la conquête de l'Asie-mineure, de la Syrie, de la Judée et même de l'Egypte, il est maître de toute la partie occidentale de l'Asie. La mort de Darius Codoman lui livre le reste de la monarchie de Cyrus. Il soumet la Bactriane et s'avance jusque dans l'Inde.

Au retour de cette expédition, il s'abandonna à des excès d'intempérance, et mourut à Babylone à l'âge de 33 ans (an 324). Ses généraux, avec l'aide des armées qui étaient sous leurs ordres, se disputèrent, à la bataille d'*Ipsus*, les provinces de la grande monarchie détruite, dont ils firent ensuite des royaumes : Séleucus eut la Syrie et la Haute-Asie, Antipater la Macédoine, Lysimaque la Thrace, et Ptolémée Soter, l'Egypte et la Palestine.

Plusieurs nations de l'Asie-mineure s'affranchirent et formèrent les royaumes de Pont, de Bithynie et de Pergame.

Lydie. Séleucus, le plus puissant des successeurs d'Alexandre, fonda dans ses états vingt-quatre villes, et les peupla de colonies grecques, qui communiquèrent leur industrie aux peuples efféminés de l'Asie. Ere des Séleucides.

Grèce. Après la mort d'Alexandre, les Grecs, excités par Démosthènes, prirent les armes pour reconquérir leur indépendance.

Ils vainquirent les Macédoniens à Lamia (guerre lamiaque); mais ensuite ils furent vaincus à Cranon. Antipater abusa de sa victoire, en détruisant la démocratie à Athènes. Cette ville conservera pourtant une ombre de liberté sous la sage administration de Phocion, puis de Démétrius de Phalère.

GAULE. Belges Rèmes, Suessions, — Bellovakes, — Trévires, etc. du Rhin à la Seine; — Tectosages à Toulouse.

321. **Samnium**. Les Romains humiliés aux Fourches Caudines; — vengés par Papirius Cursor.

301. **Phrygie**. Bataille d'Ipsus. (V. plus haut, p. 67)

Arts, sciences. Le 4e siecle produisit, principalement chez les Grecs, des hommes illustres, qui ne le cèdent pas à ceux des siecles précédents : les sculpteurs Praxitèle, Scopas, qui mirent leur ciseau au service d'Artémise, reine de Carie, pour orner le tombeau de Mausole; — Lysippe, autre sculpteur célèbre; — Les peintres Apelles, Protogènes; — le poëte comique Ménandre; — Hippocrate, père de la médecine et notamment de la mésologie; — le mathématicien Euclide qui, jusqu'en nos âges modernes, a servi de guide pour la géométrie élémentaire; — les historiens Théopompe, Ctésias, de Cnide, médecin d'Artaxerxès Mnémon, et surtout Xénophon, qui raconte comme savant ce qu'il a fait comme général; — les orateurs Démade, Eschines et son rival heureux Démosthènes qui demeure le type le plus parfait de l'éloquence politique; — les philosophes Xénophon déjà nommé; Platon, qui a transmis avec une pureté douteuse les entretiens et la méthode de Socrate; Aristote, de Stagyre, plus remarquable comme penseur que comme écrivain; Diogène, appelé *cynique*, parce qu'il a eu, devant les puissants, le courage de ses opinions.

La métaphysique égarait la philosophie par les enseignements d'Epicure, Xénocrate, Pyrrhon, Zénon, Théophraste, Antisthènes. Ces professeurs de fantaisie, dont les leçons n'arrêtaient pas, hâtaient plutôt l'abâtardissement de l'esprit public, furent bannis en 316 sur la proposition de Sophocle; mais les lazzis d'un poëte comique les firent rappeler.

On attribue à Alexandre la fondation de beaucoup de villes dans ses courses effrénées à travers tout l'ancien continent.

A Rome, le censeur Appius Claudius fit conduire de l'eau dans la ville, et paver la route qui subsiste encore sous le nom de *voie Appienne* (an 312). — Le grand art social continuait ses progres par l'abandon successif que les patriciens faisaient de leurs prérogatives, après des débats longs et passionnés. Une banque de prêt était instituée; l'intérêt de l'argent était réduit

3e siecle.

295. **Rome.** Le consul Décius Mus, suivant l'exemple de son père, se dévoue pour les légions romaines.

Les Samnites et les Gaulois sont vaincus à Sentinum. — Les Samnites et les Sabins obtiendront des traités de paix, qui les feront alliés des Romains.

287. Le peuple de Rome se retire au Janicule.

Il est ramené par des concessions, — l'abolition des dettes et de l'esclavage pour dettes, la distribution de sept *jugera* (1 hectare 3/4) de terre à chaque citoyen.

Il ne faut pas perdre de vue que le peuple était une armée territoriale. Par conséquent, lorsqu'il était uni, les patriciens n'avaient pas de force coercitive pour l'opprimer.

284. **Grèce.** Renouvellement de la *Ligue Achéenne*.

On nommait ainsi une confédération de douze villes de l'Achaïe (au nord du Péloponèse). Cette confédération, très-ancienne et peu connue, acquit subitement de l'importance après la mort d'Alexandre, au temps de la guerre lamiaque, par les efforts qu'elle fit pour rendre aux Grecs l'indépendance, que les rois de Macédoine leur avaient ôtée.

A la tête de la ligue, se distingueront Aratus (250) et Philopémen.

283. **Egypte.** Mort de Ptolémée-Soter, fils putatif de Lagos, après un regne de quarante ans.

Avec lui avait commencé la dynastie des Lagides, qui régna trois siecles. Ptolémée-Philadelphe, son fils, joignit la mer Rouge au Nil par un canal, et Alexandrie devint le centre du commerce du monde. Ses successeurs furent Ptolémée-Evergète, puis Ptolémée-Philopator (222), avec qui commencera la décadence de l'Egypte.

280. **Italie** et **Grèce**. Les Romains, maîtres de tout le centre de l'Italie, avaient tourné leurs armes du côté de la Grande-Grèce (Italie-méridionale). Tarente, menacée,

appelle à son secours Pyrrhus, roi d'Epire. Les Romains, consternés à la vue des éléphants, se laissent vaincre d'abord; mais ensuite Pyrrhus est battu, et se retire en Sicile (278), où il fait la guerre aux Carthaginois.

Il revient à Tarente (275); — retourne en Epire; — s'empare de la Macédoine; — est appelé en Grèce par Cléonyme; — prend Argos, où entrant en vainqueur il est tué d'un coup de tuile (272).

De nombreuses tribus gauloises pénètrent dans la Grèce, où elles sèment l'épouvante. Elles sont vaincues à Delphes. Quelques-unes vont s'établir en Asie (Galatie); d'autres retournent dans leur pays avec le butin, fruit de leurs brigandages.

Tarente est prise et démantelée par les Romains. Leur domination s'étend ainsi jusqu'à la mer de Sicile (272).

264. **Rome**. Premiers combats de gladiateurs.

Ces fêtes sanglantes sont instituées, au *forum boarium*, comme cérémonie funèbre.

Première GUERRE PUNIQUE. Carthage était alors la première puissance maritime du monde. Elle venait d'attaquer les Mamertins, peuple de Sicile. Rome jalouse prit la défense des Mamertins. Telle fut l'origine des guerres dites *puniques*, entre Rome et Carthage. La première dura vingt-quatre ans.

260. Les Romains arment en mer pour la première fois : ils construisent des *liburnes*, que le consul Scipio Asina laisse d'abord surprendre par les ennemis. Mais son collègue Duilius remporte une première victoire navale.

256. Attilius Régulus porte la guerre en Afrique ; — s'empare de plusieurs villes ; — défait les deux Asdrubal et Amilcar. —

Il est fait prisonnier par Xanthippe (255).

Asie. Arsace s'empare du pays des Parthes, et s'en fait roi.

Sa dynastie durera quatre siecles.

243. **Grèce**. Aratus annexe à la ligue achéenne Corinthe, dont il s'est rendu maître. — Les Lacédémoniens se déclarent contre lui : leur roi Agis est battu.

Il sera mis à mort à Sparte (241), ainsi que sa mère et son aïeule, qui, malgré leurs richesses, s'efforçaient avec lui de régénérer leur patrie en la ramenant à l'ancienne égalité. — Cléomène rétablira les lois de Lycurgue (225), le partage des terres, la discipline spartiate. Mais il fait ensuite la guerre à la ligue achéenne qui, aidée du Macédonien Antigone Doson, la bat à Sellasie (222), et le force à fuir en Égypte, où il meurt. Doson abolit ses réformes.

241. **Rome**. Lutatius Catulus, vainqueur aux îles Ægates, dicte la paix à Amilcar (Polyb).

ASIE-MINEURE. Attale se fait roi de Pergame. Il amasse de grands trésors, pendant un règne de 44 ans.

221. **Carthage**. Annibal reçoit le commandement des forces carthaginoises en Espagne. Il soumet tout le pays jusqu'à l'Èbre. Il assiége, prend et détruit Sagonte (219), alliée des Romains.

Il part de Carthagène (218), avec 100000 soldats mercenaires, traverse les Pyrénées, la Gaule, les Alpes, et arrive en cinq mois sur le Tessin, où il bat P. Cornélius Scipion. Il bat ensuite Sempronius à la Trébie, et Flaminius au lac Trasimène. Rome est sauvée par Fabius Maximus *Cunctator* (temporisateur). Annibal restera douze ans en Italie.

216. **Rome**. Bataille de Cannes. Annibal détruit l'armée de Térentius Varron.

Mort volontaire de Paul-Émile, son collègue. — Varron ne désespère pas de la patrie; il en est félicité par le sénat.

212. Claudius Marcellus prend Syracuse, après deux ans de siége.

204. Le sénat envoie le jeune Scipion en Afrique. Il assiége Utique.

Lælius, son lieutenant, aidé du roi numide Massinissa, défait et prend Syphax (203). Annibal est rappelé pour défendre Carthage.

202. **Carthage**. Annibal est battu à Zama par Scipion.

Le sénat romain consent enfin à traiter de la paix avec les Carthaginois (201). Mais, pour les tenir en crainte, il reconnaît *Massinissa* comme roi des Numides.

CHINE. Lieou-Pang commence la 5e dynastie, dite des Han. Elle durera 422 ans.

Arts, sciences. Le babylonien Bérose, l'égyptien Manéthon, le latin Fabius Pictor écrivent l'histoire de leur pays. (F. Pictor écrit en grec.) Leurs ouvrages sont perdus; nous n'en avons plus que des fragments. — Eratosthènes, protégé par Ptolémée-Évergète, cultive avec éclat toutes les sciences de son temps. Archimède applique les mathématiques à la physique, à la mécanique, et s'en sert pour défendre Syracuse, sa patrie, contre les Romains. — Théocrite de Syracuse, Callimaque de Cyrène, continuent la série des poëtes grecs. — A Rome, la poësie est inaugurée par Ennius, la comédie par Plaute. Le censeur Caton écrit sur l'agriculture, sur les origines italiennes, sur les guerres puniques. Les Romains frappent de la monnaie d'argent et d'or. — On invente, en Égypte, la clepsydre; en Chine, le papier de soie, la porcelaine; à Pergame, le parchemin, qui remplace le papyrus. — Un phare est construit à Alexandrie. Le colosse de Rhodes est élevé; un tremblement de terre le renverse (224). — Les *marbres*, gravés pour l'histoire par l'ordre des Athéniens, seront retrouvés dans l'île de Paros au 17e siecle, et transportés à Oxford. — Chi-Hoang-ti fait construire la muraille de Chine (7 met. de haut, 5 d'épaisseur, 2400 kilometres de long).

2e siecle.

197. **Thessalie**. Bataille de Cynoscéphale, où les légions romaines, commandées par le proconsul Flaminius, rompent la *phalange* macédonienne, commandée par le roi Philippe.

Le proconsul proclame l'indépendance des cités grecques. Le sénat rend la liberté à la Thessalie.

Les Romains soumettent l'Œtolie, et partagent l'Asie-mineure entre leurs alliés.

Philopémen fait entrer Sparte dans la ligue achéenne (192). — Stratége de la ligue, il ramènera à Sparte les bannis (189).

168. **Macédoine**. Paul-Emile défait Persée à Cydna: mille Achéens sont déportés; soixante-et-dix villes de l'Epire sont détruites.

SYRIE. Antiochus Épiphane tremble devant la hardiesse de Popilius Lénas : il laisse en paix l'Egypte, et retourne persécuter les Juifs.

160. **Judée**. Judas Macchabée implore le sénat romain.

Il est tué dans une bataille contre le général syrien Bacchide.

150. ROME. Loi Calpurnia contre les concussions; — (144) Didia contre le luxe; — (143) Gabinia pour le scrutin secret (Pol.).

146. Scipion Emilien prend d'assaut CARTHAGE, après un siége mémorable, et détruit cette ville, qui avait sept cent mille habitants. — Province romaine d'Afrique.

Mummius prend CORINTHE et la brûle. Il transporte à Rome les chefs-d'œuvre de l'art grec. — Province romaine d'Achaïe.

143. Province de Macédoine.

140. **Espagne**. Viriathe assassiné.

La mort de ce grand citoyen, qui avait infligé plusieurs défaites aux Romains, laisse la Lusitanie à leur merci.

Le proconsul Scipion assiégera quinze mois NUMANCE, qui se rendra à discrétion, et sera détruite (133).

135. CHINE. L'empereur Hiao-Wou-ti repousse une invasion des Hioung-nou (tartares de race turque, ancêtres des Huns ?). — Les Chinois soumettront ces barbares, et dès lors chercheront à étendre leur domination vers l'ouest.

133. **Sicile**. Le consul Pison reprend Messine sur les esclaves révoltés.

Pergame. Attale III lègue son royaume et ses richesses au peuple romain.

Rome. Tibérius Sempronius Gracchus, tribun du peuple, renouvelle la loi agraire. Il est assassiné par les sénateurs.

Le second Africain, qui soutenait cette loi, est trouvé mort dans son lit.

Caïus Gracchus, aussi éloquent, aussi populaire que son frère, périra comme lui dans une émeute sanglante (121).

Les deux Gracques, juste orgueil de leur mère Cornélie, échouèrent dans leur généreuse entreprise de relever le peuple de Rome par l'égalité des droits, condition nécessaire de la liberté. Ils succombèrent sous la méchanceté égoïste des nobles, soutenus par les sénateurs et les pontifes. (Vell. Paterc. II. — Dreyss, à l'an 133).

125. **Gaule**. Les Romains passent les Alpes pour battre

les Ligures (transalpins), sous prétexte de protéger Marseill[e] contre les Salyens.

Le proconsul Sextius Calvinus, vainqueur des Salyens, puis de[s] Allobroges, fonde la première colonie romaine en Gaule, *Aquæ Sexti[æ]* (Aix) (121). — Bituit, roi des Arvernes, allié des Allobroges, est dé[-] fait après eux et avec eux, près de l'Isère, par le consul Fabius. — *Province de Gaule.*

Les Romains, ainsi établis dans le midi de la Gaule, continue[-] ront à y étendre leur pouvoir.

118. Le consul Marcius Rex colonise la ville de *Narbo-Marcius* (Narbonne).

Numidie. Jugurtha, neveu de Micipsa et adopté pa[r] lui, tue ses deux cousins, pour s'emparer de leurs parts du royaume.

Accusé et mandé à Rome, il ose s'y rendre, comptant (avec raison) sur son or et sur la vénalité de ses juges. — De retour en Afrique, il défait le préteur Aulus, et le force à un traité humiliant, qui est cassé par le sénat (108). — Il est défait à son tour par Métellus *Numidique*. Il se réfugie près de son beau-père Bocchus, roi de Mauritanie, qui, deux fois vaincu par Marius, le livre à Sylla, questeur du proconsul (106). — Il mourra de faim en prison à Rome.

113. Les **Cimbres** et les **Teutons**, venus des bords de la Baltique, franchissent le Danube, au nombre de trois cent mille, et dispersent une armée romaine.

Ils passent en Gaule (110), et en dissipent une seconde sur les bords du Rhône, puis trois autres encore (109, 107, 105). — Ils pénètrent en Espagne. Ensuite les Teutons reviennent en Gaule, près d'Aix, où Marius, rappelé d'Afrique, en fait un horrible carnage (102). — Les Cimbres, ayant tourné les Alpes par le nord, entrent dans la vallée du Pô : Marius, consul pour la cinquième fois, les détruit près de Verceil (101).

109. **Judée**. Le pontife Hircan détruit Samarie.

Pharisiens, Saducéens, sectes religieuses et politiques, dont les luttes ensanglanteront leur patrie ; — Esséniens, secte tempérante, communiste, laborieuse et paisible. (Dreyss, d'après Josèphe, Pline, etc.)

Arts, sciences. Les Romains tracent de grandes routes fortement pavées, pour conduire de leur ville souveraine à tous les pays qu'ils ont conquis. Des débris imposants de ces anciennes *voies romaines* subsistent encore. — La langue latine se perfectionne et s'épure par les harangues politiques et judiciaires, par les comédies de l'insubrien *Cœcilius* et celles de *Térence*, par les tragédies de *Pacuvius*, les satires de *Lucilius*. Son progrès est favorisé par l'irruption des lettres grecques en Italie. Quelques Romains instruits écrivent l'histoire en grec. Cependant le sénat bannit de Rome les rhéteurs et les soi-disant philosophes, jugeant avec raison que l'esprit de la jeunesse est faussé par leur enseignement (Dreyss, an 89). — Un autre édit bannit les astrologues dits Chaldéens. — La Grèce, déchirée par les factions et absorbée par la défense de son indépendance expirante, produit encore l'historien *Polybe*, l'astronome *Hipparque*, le célèbre critique *Aristarque*, les poëtes *Bion* et *Moschus*. — La fameuse bibliothèque d'Alexandrie a pour conservateur *Apollonius* de Rhodes, auteur du poëme des *Argonautes*. — Les Gaulois font des progrès dans l'industrie. — En Chine, l'empereur Hoéï-Ti rétablit les lettrés, fait rechercher et retrouver le livre des *Annales*.

1er siecle avant l'ère vulgaire.

97. **Rome**. Un décret du sénat défend de sacrifier des victimes humaines.

91. Lucius Drusus, tribun, poursuit l'œuvre des Gracques. Il est assassiné.

Les alliés italiens s'arment pour obtenir le droit de cité. Ils sont vaincus. La loi Julia accorde ce droit aux Latins et aux alliés non révoltés.

89. Pour terminer la guerre sociale, le droit de cité est étendu aux autres peuples italiens. Ils voteront les derniers, dans huit tribus créées pour eux.

Pont. Victoires de Mithridate VII. Il soulève l'Asie-mineure, et fait massacrer 80000 Romains ou Italiens.

88. **Rome**. Compétition sanglante de Marius et de Sylla.

Proscription des nobles. La démocratie, d'abord maintenue par Cinna, Carbon et le jeune Marius, est abattue par Sylla, vainqueur de Mithridate et des Samnites (82). Sylla inonde Rome et l'Italie du sang de ses ennemis, et rétablit passagèrement l'aristocratie. Il se démet impunément de la dictature (79). Sertorius soutient longtemps en Espagne le parti de Marius : il défait Pompée et Métellus. Il est assassiné.

73. **Italie**. Spartacus, chef de gladiateurs, commence la troisième *guerre servile*.

A la tête de 120000 esclaves, il bat deux consuls et un prêteur. Il est vaincu par Crassus (71).

67. Pompée détruit les pirates qui pillaient les convois de blé envoyés de la Sicile et de l'Afrique à Rome.

Jules César relève les trophées de Marius, aux portes du Capitole (66).

64. Cicéron, consul, déjoue par sa vigilance la conjuration de Catilina, chef des jeunes nobles perdus de mœurs et de dettes.

Ils sont défaits à Pistoïa par le proconsul Antonius.

Attentat de Clodius dans la maison de César grand pontife.

60. César, consul désigné, conspire avec Pompée et Crassus, contre les lois et la liberté.

C'est ce que l'on nomme le premier *triumvirat*.

César s'attache le peuple par une loi agraire, et les chevaliers par la réduction des fermages de l'Asie. Ayant obtenu du sénat le gouvernement des Gaules et de l'Illyrie, il repousse les Galls Helvètes au-delà du Jura, et les Suèves au-delà du Rhin (58). Il conduit ses légions victorieuses dans l'île de Bretagne, en Belgique, en Germanie ; il contient la Gaule en fomentant avec artifice les divisions entre les cités (ou peuplades) (53). Il assiège en vain Gergovia, défendue par l'Arverne Vercingétorix ; mais il enferme enfin ce grand citoyen dans Alésia, et l'oblige à se rendre (52). Il en triomphera cruellement (46).

53. Crassus est tué par les Parthes. Ils envahissent les provinces de Syrie et de Cilicie.

Criminelle rivalité de César et de Pompée.

César désobéit au sénat en restant à la tête de l'armée, avec laquelle il envahit l'Italie, puis l'Espagne (49). Il pille le trésor public, et se fait dictateur — Il défait Pompée et le sénat à Pharsale (48); — se laisse séduire par Cléopâtre à Alexandrie; — revient à Rome, après avoir vaincu, en passant, Pharnace, fils de Mithridate (47). — Il est nommé dictateur pour dix ans par le sénat (où il avait fait entrer beaucoup de Gaulois), et il s'entend louer par Cicéron (46). — Il ordonne la réforme du calendrier. Le recensement constate que la population de Rome a diminué de moitié depuis les guerres civiles. — César défait les Pompéiens en Afrique, — puis en Espagne (45). — Il est nommé tribun perpétuel, dictateur à vie, et reçoit le titre héréditaire d'*imperator*. — Il est tué dans le sénat par J. Brutus et les derniers républicains (44).

44. Antoine, consul, se saisit du pouvoir, avec l'aide de Lépide, maître des cavaliers.

Les meurtriers de César sortent de Rome. Antoine va assiéger Décimus Brutus dans Modène. Il est déclaré ennemi public par le sénat, qu'excitent les *Philippiques* de Cicéron. Alors il s'unit à Lépide et Octave, et leurs armées les déclarent *triumvirs* pour cinq ans (43). — Nouvelles et affreuses proscriptions. Cicéron est martyr de la liberté légale.

43. **Gaule**. Le sénat décrète une colonie romaine à *Lugdunum* (Lyon).

Elle sera établie par Munatius Plancus au confluent du Rhône et de la Saône.

42. **Rome**. Bataille de Philippes, gagnée par Octave et Antoine.

Le suicide de Brutus et de Cassius anéantit le parti républicain. — Octave détruit la ville insurgée de Pérouse.

38. **Judée**. Hérode, iduméen, s'en rend maître : il obtient d'Antoine et du sénat le titre de roi, qu'il justifie par d'atroces cruautés.

32. **Rome**. Antoine est déclaré ennemi public.

31. Il est vaincu à Actium par Agrippa, commandant de la flotte d'Octave.

Il s'enfuit en Egypte à la suite de Cléopâtre. Poursuivi par Octave, il se donne la mort. L'Egypte devient province romaine (30).

29. Octave ferme le temple de Janus. Il est déclaré *Imperator* par le sénat.

Consul avec Agrippa, il réforme le sénat, l'ordre équestre et les lois. — Le sénat le nomme *Auguste* (27), et lui laisse prendre le pouvoir proconsulaire dans les provinces qui ont des légions . — Il se fait préfet des mœurs et consul à vie.

La Gaule *chevelue* est divisée pour l'administration en Aquitaine, Lyonnaise et Belgique. Ecoles et temples en Gaule.

25. Soumission des Cantabres, — des Rhètes, Vindélices, Noriques (15), — et des Pannoniens (11), par Agrippa, Drusus et Tibère (fils de Livie, femme d'Auguste).

Auguste et Agrippa visitent l'empire pacifié. Ils font continuer les voies militaires, qui, partant du forum, mettaient Rome en communication avec tous les Etats assujettis.

Les chronologistes du moyen âge ont rapporté ici, sans fondement historique certain, la naissance de Jésus à Bethléem, et ils en ont fait, après plus de 500 ans, le point de départ de *l'ère vulgaire* (v. p. 41) que tous les peuples de l'occident acceptèrent plus tard, sur la foi des lettrés et sous le nom d'ère chrétienne.

Arts, sciences. Ce siecle a vu naître les hommes les plus illustres que la littérature latine ait produits :

le savant Varron, qui écrivit plus de 500 volumes, dont il ne reste que ses traités sur la langue latine et sur l'agriculture;

— le grand orateur et philosophe Cicéron, et beaucoup d'autres orateurs célèbres, Hortensius, Marcus Antonius, Licinius Crassus, etc. ;

— les historiens : Salluste, (Guerre de Jurgurtha, Conjuration de Catilina), Cornelius Nepos (Vies des capitaines), Trogue-Pompée (Histoire universelle), César (ses mémoires, *Commentarii*), le crédule Tite-Live (Histoire romaine, qu'il fait remonter à Enée, Anténor et Turnus);

— les poëtes : Lucrèce (*De la nature*), Pollion, Catulle, Tibulle et Properce (*Élégies*), Ovide (*les métamorphoses*), Phedre, affranchi d'Auguste, (*fables* ésopiennes) Horace, protégé de Mécène (*Odes, Satires, Art poëtique, Epîtres*), Virgile, le Mantouan (*Eglogues, Géorgiques, Enéide*), Cornelius Gallus.

Sosigène, sous les auspices de Jules César, réforme le calendrier de Numa, qui devient le *calendrier Julien*. (v. p. 39).

Les Grecs Diodore de Sicile et Denys d'Halicarnasse écrivent l'histoire; — Strabon, la géographie.

Des librairies, des papeteries sont créées. On fabrique du verre coloré. — L'édile Agrippa fait restaurer la *cloaca maxima*, construire des portiques, le Panthéon, temple de tous les dieux ou plutôt de la tolérance, et une bibliothèque, qui est confiée à un affranchi de Mécène.

Dès le commencement du siecle (91), un édit contre les rhéteurs latins témoigne encore une fois de la juste défiance qu'inspirait leur enseignement.

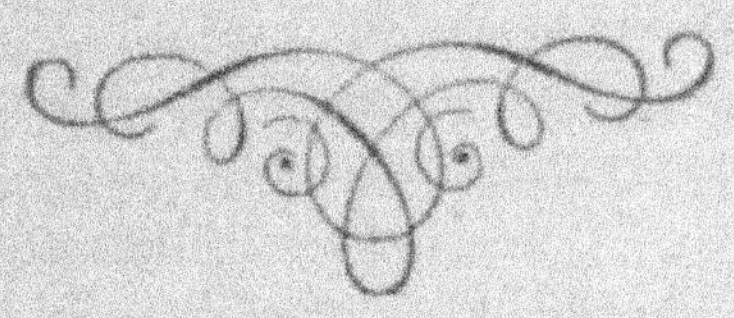

ÈRE VULGAIRE

L'ère vulgaire n'a été calculée qu'au commencement du VIe siècle (par Denys-le-petit). Elle a son point de départ à l'an 753 de Rome, 14 ans avant la mort de l'empereur Auguste.

Ier siecle de l'ère.

Le premier siecle de l'ère prépare et commence une révolution immense, inexpliquée, qui aura, sur la marche de l'esprit humain et sur la destinée des peuples, une influence redoutable et plus que deux fois millénaire : c'est le remplacement des cultes payens par les cultes *bibliques*, issus de la Judée. Les souverains ne surent opposer à l'envahissement des croyances nouvelles que la violence des supplices : ces croyances puisèrent un surcroît d'ardeur dans les persécutions; et, dès qu'elles se sentirent fortes, elles devinrent à leur tour persécutrices, violentes et tyranniques, comme on le verra dans les siecles suivants.

9. **Germanie**. Hermann (latinisé *Arminius*) détruit trois légions et des cohortes auxiliaires, commandées par Varus, dans la forêt de Teutberg (près de la Lippe).

Tibère et Germanicus obtiennent contre les Germains des succès, pour lesquels le triomphe est décerné (12) à Tibère, beau-fils, gendre et successeur désigné d'Auguste.

14. **Rome**. Mort d'Auguste.

TIBÈRE remplace les plébiscites par les sénatus-consultes.

Retiré à Caprée, antre de ses débauches et de ses cruautés (27), il laisse gouverner Séjan, préfet du prétoire; — puis, sur des soupçons, il lui ôte le pouvoir et la vie (31).

Gaule. Les petits propriétaires sont ruinés par les exactions et réduits en servitude. Les riches acquièrent le droit de cité romaine.

Les révoltes de Florus et de Sacrovir sont étouffées (21).

33. **Jérusalem**. Jésus succombe aux intrigues des prêtres et des Pharisiens.

Innocent, il meurt comme un criminel. Son nom de **Christ**, propagé par d'ardentes prédications, ralliera plusieurs nations à sa foi (notamment en Europe), sans les rallier à la justice et à la fraternité.

Rome. A Tibère succèdent : (37) le sanguinaire Caligula, — (41) l'idiot Claude, sous lequel regnent les affranchis, — (55) Néron, parricide, incendiaire et empoisonneur, — (68) Galba, (69) Othon et le gourmand Vitellius, — tous destinés à une mort violente.

Claude fait entrer des Gaulois au sénat. Il poursuit avec des cruautés l'extinction du druidisme, et ordonne la conquête de la Grande-Bretagne, qui en était le foyer originaire.

65. **Chine**. Introduction du culte bouddhique, à la suite de guerres sanglantes.

69. **Rome**. Flavius VESPASIEN est proclamé empereur par les légions qu'il commande en orient.

Il remet l'ordre dans les finances et dans l'administration. Il expulse de Rome les professeurs de philosophie. Il sévit par des supplices contre les sénateurs qui osent parler de liberté.

Gaule. Soulèvement des Bataves avec Civilis, — de quelques peuples Gaulois, Trévires, Lingons, avec Maric et Sabinus, mari d'Eponine.

Les rivalités des peuplades rendent impuissante cette tentative d'indépendance, qui est la dernière.

70. **Jérusalem**, révoltée, est assiégée par Titus, prise d'assaut, et détruite de fond en comble.

Les Juifs sont massacrés ou dispersés. Ils ne s'établiront plus comme corps de peuple, mais ils resteront toujours distincts des nations chez lesquelles ils prendront asile.

72. **Asie**. Les Alains envahissent et dévastent la Médie et l'Arménie, soumises aux Parthes.

78. **Rome**. Peste qui fait périr jusqu'à dix mille personnes par jour.

79. TITUS succède à son père.

La douceur de son regne le fait surnommer les *délices du genre humain*.

Campanie. Première éruption connue du Vésuve : il engloutit Herculanum sous une lave épaisse et Pompéii sous des pluies de cendres.

Rome. A Titus succédèrent : (81) Domitien, son frère, dont les cruautés frappèrent surtout les chefs de l'aristocratie ; (96) Nerva, qui fit bénir son regne de deux ans ; (98) Trajan, qui voulut faire revivre les institutions de la république et qui combattit avec succès les Daces et les Parthes.

Agricola, sous Titus et Domitien, avait, par sept ans de combats et de bonne administration, soumis la Grande-Bretagne jusqu'aux Monts Grampians (78-85). Domitien avait payé un tribut aux Daces, qui menaçaient l'Italie. Trajan ajouta la Dacie à l'empire romain, et soumit l'Asie jusqu'au-delà du Tigre.

Arts, sciences. Le grand amphithéâtre du Colysée (*Colosseo*) est achevé par Titus.

La langue latine et le goût commencent à s'altérer. Néanmoins ce siecle voit fleurir un grand nombre d'hommes célèbres : les poètes, Perse et Juvénal (*Satires*), Martial (*Épigrammes*), Lucain (*la Pharsale*), Stace (*la Thébaïde* et *l'Achilléide*) ; — les historiens, Velleius Paterculus (*Histoire romaine* abrégée) ; Tacite (*Histoires*, la *Germanie*, la *vie d'Agricola*) ; — Sénèque le philosophe et Sénèque le tragique ; — Quintilien, orateur et rhéteur ; — Pline le naturaliste, Pline le jeune, panégyriste de Trajan ; — Celse médecin ; — Pomponius Méla, géographe.

La langue grecque donne : le sage moraliste Epictète, — l'orateur Dion-Chrysostome, protégé de Trajan ; — le médecin-botaniste Dioscorides ; — le voyageur Denis (périégète ; — l'excellent biographe et moraliste Plutarque ; — l'historien Josèphe (*Antiquités Judaïques*), qui défendit vaillamment sa patrie contre les Romains.

IIe siecle.

NERVA commença, pour l'empire romain, une courte période de repos et d'ordre public, qui prit fin avec le regne de Marc-Aurèle (180) et qu'on appelle le *siecle des Antonins*.

105. **Rome.** TRAJAN réduit en province la Dacie (où la langue latine se conservera plusieurs siècles (Moldo-Valaquie); — l'Arménie (114) et une partie de l'Arabie.

Il soumet les Ibériens, les Sarmates et autres peuples.

Il recule ainsi à l'excès les limites orientales de l'empire, ce qui le rend d'autant plus faible du côté du Nord.

117. Après avoir vaincu les Parthes et déposé leur roi Khosroès, Trajan meurt à Sélinonte.

ADRIEN est proclamé par les soldats. Le sénat confirme leur choix.

Adrien remplace les Sénatus-consultes par ses édits. Il réduit l'empire à 1000 lieues de longueur, 700 de largeur, avec 120 000 000 d'habitants; mais il le laisse ouvert aux barbares qui pullulaient en Germanie (comme aujourd'hui). — Il régularise l'administration des provinces par *l'édit perpétuel*, et il met les esclaves sous la protection des lois.

138. ANTONIN, dans un règne pacifique de plus de 22 ans, met à profit, pour le bien des peuples, les sages réformes de son prédécesseur.

Quoique superstitieux, il s'efforce de soulager les provinces ravagées par des famines, des tremblements de terre et des inondations.

Les Goths se montrent sur la Vistule.

161. MARC-AURÈLE règne avec VÉRUS, son frère d'adoption.

Quoique clément, il rend un édit contre les chrétiens (162).

Il vend le droit de cité à toutes les provinces pour le vingtième des héritages. Elles se dépeuplent par l'accroissement des impôts.

168. Les Marcomans, les Quades, les Vandales, les Sarmates-Roxolans, franchissent la frontière du nord et pénètrent jusqu'à Aquilée, d'où les deux empereurs les repoussent avec peine.

Quatre ans après, les Marcomans reparaissent. Il faut, pour les combattre, armer des esclaves et des gladiateurs. — Marc-Aurèle les poursuit jusque chez eux (172). — Rappelé encore par leurs incursions, il meurt en Pannonie (180). — Il avait fait accepter, pour lui succéder, son fils COMMODE.

180 COMMODE pousse la cruauté et la dépravation jusqu'à la olie.

Il prend des barbares à sa solde. — Après plusieurs conspirations, il est assassiné (192), et remplacé par PERTINAX, puis par DIDIUS Julianus qui achète l'empire mis à l'encan par les prétoriens.

Les légions de Pannonie proclament SEPTIME SÉVÈRE, qui se fait reconnaître à Rome (193).

196. Sévère prend Byzance après trois ans de siége, et la ruine.

Il passe en Gaule pour combattre Albinus, proclamé en Bretagne. — Albinus, vaincu à Lyon, se donne la mort; cette ville est incendiée (197). — L'empereur se venge cruellement de ceux qui avaient favorisé son compétiteur. Il fait trembler le sénat et le décime.

Il marche de là contre les Parthes, les met en fuite, prend Ctésiphon leur capitale, Babylone et Séleucie.

Arts, sciences. Le siecle des Antonins, entre autres bienfaits, favorise la culture des arts. La *colonne Trajane* est élevée, en marbre blanc, avec une grande spirale, qui fait connaître les armures et les usages de guerre des Romains et des barbares. Le *môle d'Adrien*, vaste mausolée, est construit du vivant de cet empereur. Sous Antonin-*le-pieux* s'élève, à Héliopolis de Syrie, un temple immense, dédié au soleil (ruines de Baalbeck). — La sculpture produit les chefs-d'œuvre du style gréco-romain (statue d'Antinoüs, médailles, etc.).

La langue latine semble épuisée : elle n'offre plus guère que les abrégés de Florus et de Justin, les *Nuits Attiques* d'Aulu-Gelle, la vie d'Alexandre par Quinte-Curce. Le grec maintient sa fécondité : Arrien écrit de l'expédition d'Alexandre, Appien et Dion Cassius de l'histoire romaine, Ptolémée de l'astronomie, Galien de la médecine; — beaucoup d'autres moins connus. Lucien les surpasse tous par l'élégance, la finesse et le mordant de ses dialogues. Pausanias parcourt la Grèce et la décrit en observateur et ami des arts. Marc-Aurèle fait mieux, il s'observe lui-même, et raconte son âme.

IIIe siecle.

Le sénat de Rome et les soldats se disputent le droit d'élire les empereurs, et ils en nomment, concurremment ou successivement, plus de soixante, qui remplissent le troisième siecle de leur élévation passagère et de leur chûte violente. Dans cette anarchie dissolvante, les peuples nouveaux font des progrès, sont repoussés avec peine, ou obtiennent des établissements et des subsides. — Les Parthes, et les Perses après eux, tiennent tête à l'empire. — La peste sévit en 252, 270, 274.

211. **Rome**. Caracalla et Géta succèdent à leur père.

Leur mère, Julia Domna, était *syrienne*. Géta est tué sous ses yeux (212) par Caracalla, dont la férocité n'a plus de frein. Nombreux assassinats. Le jurisconsulte Papinien refuse d'excuser le meurtre de Géta : sa vaillante honnêteté lui coûte la vie. Préfet du prétoire sous Septime Sévère, il avait aidé ce prince à réformer l'administration.

L'empereur fait massacrer toute la population d'Alexandrie (216).

217. Macrin assassine Caracalla et lui succède.

Il fait une paix honteuse avec les Parthes.

218. Héliogabale, petit-fils de Julia, est proclamé par les légions de la Syrie.

Il gouverne en prêtre du soleil, avec des histrions et un sénat de femmes. — Il est tué par les prétoriens séditieux (222), et remplacé par Alexandre Sévère enfant, — que sa mère élève avec sagesse.

Perse. Ardshir (Artaxerxès), fils de Sassan, ruine la dynastie *Arsacide* des Parthes, et fonde celle des *Sassanides* (223).

Il rétablit les anciennes institutions et le magisme.

235. **Rome**. Alexandre Sévère (le dernier des princes syriens), est tué en Gaule par ses soldats.

Ils mettent à sa place le thrace Maximin, tyran brutal, qui périra de même (237).

Gordien, père et fils, qui ont régné quelques mois à Carthage,

Balbin et Pupien, que le sénat a osé élire, sont mis à mort.

238. GORDIEN III, enfant, regne sous l'habile et honnête direction du préfet Misithée.

Il est tué et remplacé par l'arabe PHILIPPE (244), qui est tué par Décius (249).

241. **Gaule**. Les Francs (Sicambres, Bructères, Chérusques, Cattes, Chamaves, etc.,) confédérés, sont vaincus près de Mayence.

Les Goths étaient entrés en Mœsie par le Danube. Décius et ses fils périssent en les repoussant (251). Le général GALLUS, élu empereur, Volusien, son fils, qu'il s'associe, ÉMILIEN qui leur succède, sont mis à mort par leurs soldats (253).

253. **Rome**. VALÉRIEN, proclamé empereur en Pannonie, est reconnu par le sénat, avec Gallien, son fils.

Il marche contre Schahpour (Sapor, fils d'Ardshir), qui avait pris et saccagé plusieurs villes de Cappadoce et de Syrie (258) ; — il est fait prisonnier et meurt (260).

260. GALLIEN, empereur indolent, cruel et prodigue.

Pendant huit années, une affreuse anarchie élève et renverse *30 tyrans*. — La Gaule s'isole de l'empire, et prend successivement plusieurs chefs, qui la défendent sur le Rhin contre les invasions. Ravages des Bagaudes, paysans ruinés par les exactions. Aurélien rétablira l'ordre autoritaire.

Odenath, général de l'empire, repousse Schahpour au-delà de l'Euphrate. Il est assassiné (267). Zénobie, sa femme, demeure reine de l'orient et de l'Egypte.

268. CLAUDE II, illyrien, succède à Gallien, assassiné en assiégeant Milan.

Dans une bataille très-sanglante, il repousse les Goths entrés en Thrace et en Grèce. Il meurt de la peste (269).

270. AURÉLIEN, pannonien, est élu par l'armée d'Illyrie.

Il laisse la Dacie aux Goths ; — bat les Alamans à Pavie, — défait Zénobie en plusieurs rencontres, la prend et ruine Palmyre (273). — Il détruit l'armée gauloise près de Châlons par la trahison de Tétricus (274).

Il renouvelle et agrandit l'enceinte fortifiée de Rome. — Punit sévèrement les faux monnayeurs. — Meurt victime d'un ressentiment privé (275).

275. Tacite, vieillard consulaire, prend la pourpre, après huit mois de contestations entre le sénat et les prétoriens.

Ceux-ci l'assassinent après un regne bienfaisant de six mois.

276. Probus, pannonien, nommé par ses soldats, punit les meurtriers d'Aurélien.

Il rétablit l'ordre en Gaule, et y donne des établissements aux Francs (277); — marche en Illyrie, repousse les Sarmates; — les Germains (278); — passe en Egypte, où il soumet les Blemmyes; — pousse vers l'Euphrate, où il force les Perses à la paix (279); — et les y force encore une fois en prenant Ctesiphon (282). Il est tué par les soldats, mécontents des travaux de culture qu'il leur imposait dans l'intervalle des guerres.

Carus, préfet des gardes, devient empereur et s'associe, sous le titre de césars, ses deux fils Carin et Numérien. — Carus meurt en combattant contre les Perses (283). — Numérien conclut avec eux un traité honteux, à la suite duquel son beau-père l'assassine. — Carin est assassiné en Mœsie (285).

284. Dioclétien, affranchi dalmate, est proclamé à Chalcédoine par les soldats.

Il partage le titre d'Auguste avec Maximien, — qui se charge de réduire les bagaudes. — Il donne des terres Létiques en Gaule à des Bataves, des Francs, des Teutons et des Suèves, sous la condition de cultiver le sol et de porter les armes (291). — L'admission des *barbares* dans l'armée romaine porte le dernier coup à la discipline.

Les révoltes devenant plus fortes, Dioclétien nomme césars deux illyriens, Galérius pour l'orient, Constance Chlore pour l'occident (292). Il décrète qu'ils seront de droit successeurs des Augustes. Il maintient l'unité de l'empire, et régularise l'administration.

Arts, sciences. Les arts et les sciences ne jettent plus aucun éclat dans un siecle sans cesse troublé par des convulsions politiques. — C'est une époque d'écoles célèbres à Autun, Lyon, Marseille. — Il y a eu des docteurs chrétiens, orthodoxes ou hérétiques, Origène, Tertullien; des philosophes, Plotin, Porphyre. — Le rhéteur Longin fut ministre de Zénobie. — On rapporte douteusement à ce siecle les poésies écossaises d'Ossian.

IVe siecle.

Les empereurs cessent de résider à Rome.

305. **Empire romain**. Dioclétien abdique à Nicomédie, — Maximien à Milan.

Remplacés par les deux césars, GALÉRIUS et CONSTANCE CHLORE. A la mort de celui-ci (306), Constantin, son fils, est nommé Auguste par les légions de Bretagne et de Gaule. Cinq compétiteurs lui disputent l'empire, mais ils se détruisent l'un l'autre.

312. CONSTANTIN abolit la garde prétorienne. Vainqueur de Maxence (fils de son collègue Maximien), il attribue superstitieusement sa victoire aux chrétiens.

Il accorde à leurs corporations la faculté de posséder comme personnes civiles (321) : c'est le fondement de la puissance et des richesses qu'on leur verra acquérir. — Il défend de travailler le dimanche. Il rend des édits sévères sur le mariage. Il abolit les spectacles de gladiateurs. — Sa *conversion* n'ôte rien à la cruauté de ses mœurs. Il fait étrangler Licinius, qui avait été son collègue (324) ; il donne la mort à son propre fils sur des soupçons, puis à la marâtre qui l'avait accusé. Il fait mourir le fils de Licinius — Des dissensions doctrinales avaient éclaté, dès l'an 312, entre les évêques et entre les églises. L'empereur y prend part en convoquant des conciles et en mettant son *bras séculier* au service de leurs décisions. Ces querelles d'enseignement sacré préparaient, grâce à l'ignorante crédulité des peuples, de longs siecles d'agitations, stériles pour l'esprit humain et souvent ensanglantées par un fanatisme féroce. — Dès 319, Arius, quoique prêtre, donnait le signal de la réaction contre le mysticisme catholique.

337. Constantin meurt, en disposant de l'empire comme d'un patrimoine et le partageant entre ses trois fils et ses deux neveux.

CONSTANTIN II étant mort (340), CONSTANT, catholique, regne et combat en occident, CONSTANCE, arien, regne en orient.

350. A la mort de Constant, Magnence se rend maître de la Gaule. Il lutte trois ans contre Constance.

JULIEN, neveu de cet empereur, est créé César en Gaule. Il défend la province contre les invasions des Germains et des Francs. — Il permet aux Francs Saliens, chassés de la Batavie par les Quades, de rester en Toxandrie.

360. Julien est proclamé Auguste par l'armée des Gaules.

Constance, qui faisait la guerre aux Perses, meurt en revenant pour combattre son neveu.

Julien abandonne le christianisme, et rend un édit de tolérance universelle, ce qui lui mérite le titre d'empereur philosophe. — Il fait cesser la persécution contre les dissidents. — Il meurt dans une guerre désastreuse contre les Perses (363). Jovien lui succède.

364. Partage de l'empire. Valentinien est empereur d'occident, Valens, son frère, d'orient.

Valentinien meurt dans une expédition contre les Quades, venus en Illyrie par le Danube (375). Son fils aîné Gratien lui succède.

378. **Empire d'orient**. Les Goths, chassés de leur pays par les Huns, remportent à Andrinople une victoire sanglante contre Valens, qui y est tué.

C'est le déchaînement de la grande invasion des peuples du nord. Ils étaient barbares sans doute; ils l'étaient d'une autre manière que les Romains. Cependant les Goths avaient un évêque, Ulphilas.

379. Théodose, espagnol, qui succède à Valens, bat, intimide ou gagne les barbares.

383. **Gaule**. Maxime, proclamé Auguste dans la Grande-Bretagne, se maintient en Gaule, et force Théodose à le reconnaître.

Il verse le sang de Priscillien et de ses sectateurs, condamnés dans un concile de Bordeaux.

Orient. Théodose chasse les hérétiques de Constantinople. Il remet les revenus des temples payens aux églises catholiques.

Les chrétiens d'Alexandrie détruisent le temple de Sérapis, qui contenait une précieuse bibliothèque (388).

390. Théodose expie par une pénitence publique le massacre des habitants de Thessalonique.

— Il met fin aux jeux olympiques; l'église substitue les *indictions* aux Olympiades.

394. Théodose, ayant vaincu Arbogast, assassin de Va-

lentinien II, est maître de tout l'empire.

Il meurt à Milan (395), après avoir désigné comme ses successeurs ses deux fils enfants, Honorius pour l'occident, Arcadius pour l'orient. Le premier a pour ministre le vandale Stilicon, le second le gaulois Rufin.

Le visigoth Alaric se jette sur les provinces d'orient.

Arts, sciences. Au milieu des convulsions qui vont anéantir l'empire romain, on ne peut s'attendre à trouver beaucoup de productions de l'esprit. Cependant l'éloquence grecque semble se survivre à elle-même dans les homélies de Jean Chrysostome, de Basile, de Grégoire de Naziance, où la langue garde encore sa pureté. — Mais le latin ne se conserve un peu que dans les poésies d'Ausone ; on ne le reconnaît plus guères dans l'histoire d'Ammien-Marcellin.

Ve siecle.

Le monde romain est livré à deux causes de déchirement et de dissolution, aussi puissantes, aussi cruelles l'une que l'autre, — deux causes opposées, qui concourent à anéantir les lois sociales et à paralyser tout progrès humain. L'occident n'est occupé qu'à se défendre contre les irruptions répétées, incessantes, de tant de peuples barbares, et il n'y réussit pas. L'orient est livré à une autre invasion, qui a aussi ses violences forcenées et ses crises sanglantes : ce sont les croyances, d'abord propagées, puis imposées par l'autorité et par la force ; ce sont les disputes théologiques, transformées en questions d'Etat ; c'est la guerre acharnée de l'hérésie et de l'orthodoxie, qui, tour-à-tour triomphantes et vaincues, appuient leur domination sur des décisions de conciles[1] et sur des supplices *séculiers* :

---

(1) Concile de Chalcédoine contre Jean Chrysostome (403-404) ; — de Diospolis, de Carthage et de Milève contre Pélage, que le pape absout (416) ; — d'Ephèse contre le patriarche Nestorius (431), et pour lui la même année ; — d'Anazarbe contre Cyrille (431) ; — de Constantinople et d'Ephèse pour Eutychès (449) ; — de Chalcédoine contre lui ; — de cinq cents évêques qui le réhabilitent (475) ; — de Rome contre deux légats du pape et de Carthage pour l'arianisme (484) ; — de Rome (495), qui absout Misénus condamné à Rome

Exil de J. Chrysostome (401) ; de Nestorius (437) ; d'Eleurus, évêque (460) ; — meurtre de Jovinius et de Sébastien (412), du tribun Marcellin (413), de la philosophe Hypatia (415), de Flavia (449), de l'évêque Étienne (479) ; — expulsion des Juifs à l'instigation de S. Cyrille (415) ; persécution en Perse et guerre qui en est la suite (421) ; exil et mort de Nestorius ; — excommunication du patriarche d'Alexandrie (451) ; — persécutions sanglantes du roi Genséric, — du roi Hunéric (483), — du roi Thrasamond (496) ; etc.

La plupart des condamnations ont pour prétexte de vaines distinctions métaphysiques, sur lesquelles on dispute infatigablement, telles que deux personnes en une, deux natures dont l'une absorbe l'autre, droits respectifs de la grâce et du libre-arbitre, etc. Les empereurs prennent part à ces discussions oiseuses (482). L'un d'eux (Glycérius) se fait évêque, tandis que le patriarche Anastase est élevé à l'empire (491).

403. **Alaric**, roi des Goths, ayant pénétré en Italie, marche vers Rome. Stilicon le défait à Pollentia (Ligurie).

Stilicon arrête aussi les Suèves en Toscane (406). Mais ensuite il trahit l'empereur. Honorius le fait mettre à mort (408).

Des Germains (Bourguignons, Vandales, Suèves), des Scythes (Alains) forcent le passage du Rhin malgré la résistance des Francs Ripuaires ; ils envahissent et ravagent la Gaule (406-416).

Le flot des barbares s'étend sur l'Espagne (409) : les Vandales (roi Gondéric) occupent la Galice, puis la Bétique ; les Alains, la Lusitanie et Carthagène.

410. Alaric fait trois fois le siège de Rome ; il la prend enfin par trahison des esclaves et la livre au pillage.

Il meurt peu de jours après.

Gondicaire établit les Bourguignons dans la Grande-Séquanaise (413).

Les Goths, battus près d'Arles, se retirent en Espagne (414), où ils prennent le nom de Visigoths. Ataülf leur roi est assassiné à Barcelone (415). Vallia, son successeur, s'établit à Toulouse.

Aétius, général de Valentinien III, défend Arles contre les Visigoths (425). Il repousse les Francs, et rétablit la domination romaine jusqu'au Rhin.

Les Vandales passent d'Espagne en Afrique avec d'autres barbares de toutes races (429).

---

en 484 ; — de Constantinople pour et contre le concile de Chalcédoine (496-497) (L'abbé Lenglet).

437. **Théodose** le jeune publie son *Code*, qui sera longtemps en usage dans l'occident.

442. Attila et Bléda, rois des Huns, ravagent la Thrace et l'Illyrie.

L'empereur leur paie tribut.

Attila passe en Germanie, où il est vaincu, près du Danube, par Aétius et Alaric (450). — Il entre en France, perd une bataille très-sanglante dans les plaines Catalauniques (451). — Il fait irruption en Italie; Aétius le force à retourner en Gaule, où il est battu par les Goths. — Les excès de table en délivrent le monde (453). Sa mort dissout l'empire des Huns.

Grande-Bretagne ravagée par les Pictes et les Calédoniens (Ecossais).

Les Saxons et les Angles y viennent de la Chersonèse Cimbrique, comme pour les réprimer, et s'emparent du pays (449). Les Bretons se réfugient en Wales (pays de Galles) et en Bretagne.

France. Clodion et Mérovée, chefs des Francs, établis au nord de la Somme.

Les Vénètes, pour se sauver des Huns, fondent Venise dans la mer Adriatique (à l'imitation des antiques demeures lacustres).

451. **Empire d'orient**. MARCIEN, successeur de Théodose II, ouvre l'*histoire byzantine*.

Après lui, «le trône de Constantinople s'affaisse sous des princes faibles ou pervers, fougueux arbitres des questions dogmatiques.» (Dreyss)

455. Les **Vandales**, appelés en Italie pour venger la mort de Valentinien, pillent Rome pendant 14 jours et en démolissent les édifices.

472. OLYBRIUS est, pour sept mois, empereur d'occident. Après lui, GLYCÉRIUS, et enfin Romulus AUGUSTULE.

Odoacre, chef des Hérules, oblige celui-ci d'abdiquer, ce qui met fin à l'empire romain d'occident (476).

Odoacre établit les Hérules à Rome, et prend le titre de roi d'Italie.

481. **Gaule**. CLOVIS fixe à *Lutèce* le siége du royaume Franc.

Sa victoire sur Syagrius lui livre la Gaule centrale (486).

489. Les **Ostrogoths**, venus de Pannonie, ont pour roi Théodoric, qui fixe sa résidence à Ravenne, après s'être défait d'Odoacre (493).

Élevé comme ôtage à Constantinople, il gouverne à la romaine, mais sans confier les commandements militaires à des Romains. — Il étendra sa domination sur la Sicile, la Dalmatie, le Norique, la Pannonie, la Rhétie. — La monarchie des Ostrogoths ne subsistera que 60 ans.

496. Les Sclavons envahissent la Pologne et la Bohême.

500. Les Sarrasins ravagent la Phénicie et la Syrie.

Arts, sciences. Il faut effacer ces deux mots de l'histoire du cinquième siecle. Dans le double et effroyable chaos où l'empire romain s'abîme, dans ce bouleversement de l'univers que l'on croyait civilisé, on ne trouve guère que deux noms à recommander à la mémoire des hommes éclairés : c'est, pour l'occident, Sidoine Apollinaire, un Arverne, qui reflète dans ses lettres et dans ses poësies quelques pâles rayons de l'élégance latine, et pour l'orient, l'évêque Jean Chrysostome, dont les homélies éloquentes gardent tout l'éclat et presque toute la pureté de la langue grecque.

VIe siecle.

La dissolution de l'empire se continue par les incursions répétées des barbares et par la persistance des querelles théologiques, auxquelles prennent part aussi les peuples nouveaux, et qui absorbent les soins des gouvernants.

Les Goths ravagent la Thrace (514-515) ; les Huns ravagent la Cappadoce et la Lycaonie (515) ; les Gètes ravagent la Macédoine, la Thessalie et l'Epire (517). Les Francs, conduits par Childebert et Clotaire, dévastent la Bourgogne et vont ravager l'Espagne (542) ; Thierry dévaste l'Aquitaine ; Totila répand ses Goths en Italie, prend Florence et assiége Rome (546). Les Perses ravagent la Syrie ; les Bulgares dévastent la Thrace jusqu'aux portes de Constantinople (559) ; les Avares ravagent la Thuringe (574) ; les Lombards ravagent la Romagne et la Toscane (591) ; les Sclavons ravagent l'Istrie (600).

Au milieu de ces ruines civiles, le clergé étend sa puissance (concile d'Orléans, 511). Le concile de Mâcon ordonnera, sous peine d'excommunication, de payer la dîme aux prêtres (585).

D'autres conciles prescriront le repos du dimanche sous peine d'amende et de fouet, et prohiberont le repos du jeudi (589).

Les empereurs et les généraux s'occupent avec les évêques des questions de foi : orthodoxes et hétérodoxes sont successivement exaltés ou exilés et martyrisés : on se bat pour que les uns ou les autres aient leurs noms inscrits ou rayés sur les *dyptiques*, soin bien digne des hommes d'Etat de ce siècle ! La France et l'Espagne sont sur le point d'en venir aux mains pour la fixation du jour de pâques (577).

Théodoric, roi des Visigoths et des Ostrogoths, consul de Rome, exerce sa cruauté tantôt sur les catholiques, tantôt contre les philosophes Boece et Symmaque.

507. **Gaule**. Clovis enlève l'Aquitaine aux Visigoths.

Ils garderont la Septimanie.

520. **Grande-Bretagne**. Les Bretons gagnent la bataille de Bath sur les Anglo-Saxons.

L'empereur JUSTIN exile les Manichéens et brûle leurs livres (523). Il maltraite les Ariens et pousse Théodoric à des représailles.

527. **Empire d'orient**. JUSTINIEN succède à Justin.

Bélisaire défait, pour lui, les Perses en plusieurs combats. Cet habile général sera envoyé en Italie pour contenir les Ostrogoths (540), dont la puissance sera détruite par Narsès (553).

Pendant ce temps Justinien et le pape Vigile se disputent pour approuver ou condamner les *trois chapitres* et les *douze capitules*. Cette dispute tient dix années de ce siecle.

Les **Lombards** s'établissent en Pannonie. — Ils y resteront quarante ans, puis envahiront l'Italie, conduits par leur roi Alboin, qui fera de Pavie le siége de son royaume.

550. **Slaves**. Le duc Leck fonde la monarchie des Slaves Polonais.

560. **France**. Le roi CLOTAIRE Ier défait dans une bataille son fils Chramne, révolté, et le brûle, avec toute sa famille, dans une caverne où il s'était refugié.

Il fait ensuite des présents considérables aux églises. Il fonde l'abbaye de St-Denis, où seront les tombeaux des rois. Il meurt à

Compiègne (561). Ses quatre fils sont rois : Caribert, de Paris, Gontran, d'Orléans et de Bourgogne, Chilpéric de Soissons (Neustrie), et Sigebert, de Metz.

« Chilpéric avait coutume de dire que les ressources royales étaient absorbées par les églises, et que les évêques étaient plus rois que le roi lui-même. » (S. Grégoire de Tours)

582. La noblesse des trois royaumes Francs conspire la ruine des princes régnants.

Gontran et Childebert étoufferont ce complot dans le sang (585).

Au milieu de ces luttes, deux reines, Frédégonde et Bruneliaut, disputeront de férocité.

589. **Chine**. La dynastie des Soui réunit les deux parties de l'empire chinois.

Europe. Inondation à Rome, suivie de peste.

590. La peste ravage toute la France.

On combat le fléau par des jeûnes et des processions.

593. Les **Basques** viennent, d'Espagne, s'établir en Gascogne.

600. Les **Avares** égorgent douze mille prisonniers, que l'empereur Maurice n'a pas voulu racheter.

Arts, sciences. La science du droit est cultivée par quelques jurisconsultes. Mais l'art social est remplacé par l'oppression que les Barbares victorieux exercent partout sur les peuples asservis. Les vainqueurs ont établi trois classes de terres, correspondant aux trois classes personnelles :

1° Les *fiefs* ou terres *nobles*, dont les rois ont gratifié leurs *leudes* ou *fidèles* ;

2° Les *Aleuds* ou terrains libres, dont les vainqueurs se sont faits propriétaires, en en dépouillant les habitants ;

3° Les terres *tributaires*, que les vainqueurs ont laissées aux habitants moyennant un cens annuel. (Voir Montesquieu)

L'empereur Justinien n'est pas toujours occupé de querelles mystiques. Il publie, en 529, le *Code* de lois, rédigé par les jurisconsultes que préside Tribonien, — en 533, le *Digeste* et les *Institutes*. Ces livres forment le *Droit romain*.

Les Goths Cassiodore et Jornandès, l'évêque Grégoire de Tours, le secrétaire Procope, écrivent des chroniques souvent mêlées de contes absurdes.

VIIe siecle.

Orient et **Occident**. La dissolution de l'empire continue par les disputes théologiques et les assassinats princiers.

Les Avares, les Perses et les Sarrasins (Arabes) dévastent l'orient.

622. **Arabie**. Mahomet, déja célèbre comme prophète, s'enfuit de la Mecque.

De sa fuite date *l'hégire* musulmane. L'islamisme, propagé par les armes des califes, envahira une grande partie de l'Asie et le nord de l'Afrique.

627. **Perse**. Khosroès est défait par l'empereur HÉRACLIUS.

Son fils Siroès l'assassine et lui succède.

628. **Francs**. A Clotaire II succède DAGOBERT Ier, son fils, déjà roi d'Ostrasie.

Il fait rédiger les premiers Capitulaires et réviser les lois ou coutumes des Saliens, des Ripuaires, des Alamans.

Ses ministres: Ouen référendaire, Éloy orfèvre, saints. — Son faste, ses cruautés : empoisonnement de Child-Éric, fils de son frère Caribert; égorgement de dix mille familles Bulgares, entrées en Bavière.

Commerce avec les Grecs.

— Rotharis, roi ou duc de Brescia, recueille les lois des Lombards.

633. **Visigoths**. L'usurpation de Sisenand est consacrée par un concile de Tolède.

Les conciles s'emparent du pouvoir, dont ils ne laissent au roi que le nom et les mesures d'exécution. La nation, dépouillée du droit d'élection, garde encore celui de voter l'impôt.

Isidore, de Séville, organise le catholicisme de l'Espagne.

653. **Perse**. Les musulmans s'emparent de la Pers et mettent fin à l'empire des Sassanides.

Ils détruisent le colosse de Rhodes.

659. **Orient**. L'empereur CONSTANT II assassine so frère Théodose.

Il vient à Rome, où il est reçu en grande pompe par le clerg Il vole la toiture d'airain de l'église Ste-Marie. — Il meurt à S racuse (668). Il avait régné 27 ans.

Les Sarrasins vendent comme esclaves 80 000 prisonniers africain — Ils vont ravager la Sicile (669), puis l'Asie mineure et la Thra (672).

679. Les **Bulgares** (du Volga), venus de Sarmati après avoir menacé la Thrace, s'établissent en Mœsie (ri droite du Danube).

L'empereur CONSTANTIN POGONAT, épouvanté, leur paye un gr tribut.

687. **France**. Pépin-d'Héristal, duc d'Ostrasie, gagn sur les Neustriens la bataille de Thestry (Vermandois).

Il gouverne les trois royaumes (Ostrasie, Bourgogne, Neustrie sous le titre de *Maire du palais*, laissant le nom royal aux *ro fainéants*.

697. **Venise**. Les Vénitiens se donnent un doge, éle tif et à vie. Le premier est Paul Anafesta.

Arts, sciences. Rien à signaler. L'art barbare d la guerre reste lui-même sans progrès : les vainqueu détruisent les vaincus par centaine de mille, ou les vende comme esclaves : c'est tout l'art des puissants. Quelqu corps de loi pourtant sont recueillis pour mieux assurer domination.

Le respect qu'inspiraient les couvents met à même d' conserver les richesses littéraires des siècles passés ; ma la préoccupation théologique des moines les porte à gratt un grand nombre de ces précieux manuscrits, pour les su charger de formules liturgiques.

VIIIe siècle.

L'Europe est horriblement troublée, de Constantinople à Rome, par les querelles acharnées, souvent sanglantes, que provoque le culte des images, successivement commandé et proscrit par les empereurs et par les conciles (726, 761, 787, 794).

707. Des armées arabes pénètrent dans la Transoxiane; — dans le bassin de l'Indus, dans le Moultan et le Lahore.

711. **Espagne** et **France**. Les musulmans, recrutés en Mauritanie, passent d'Afrique en Espagne par le détroit de Djebal-Tarik (Gibraltar).

Ils défont les Visigoths à *Xérès de la frontèra*, et s'avancent jusqu'aux montagnes des Asturies, où Pélage les arrête. — Leur empire durera 700 ans.

Ils entrent en France, et pénètrent jusqu'à Poitiers (716), puis jusqu'à Autun (725), pillant, ravageant et brûlant. — Ils chassent les Visigoths de Narbonne et de la Septimanie (720). — Malgré l'appui des Leudes et des évêques, qui attendaient d'eux l'indépendance (Dreyss, p. 209), ils sont vaincus par Karl Martel entre Tours et Poitiers, dans une bataille très-meurtrière où leur émir Abdérame est tué (732).

716. **Empire** d'**Orient**. Léon III l'Isaurien, iconoclaste.

Il fait brûler les images, pour répondre aux railleries des Musulmans qui le traitaient d'idolâtre.

Sa dynastie régnera 80 ans.

727. **Angleterre**. Les rois des Anglo-Saxons, Ina, puis Ethelwolf, forcent leurs sujets de payer capitation au pape.

Ce tribut fut nommé le *denier de St-Pierre*.

L'empereur Léon, excommunié par le pape Grégoire, lui fait la guerre et confisque, en Sicile, les terres sur lesquelles le pape prétendait avoir un pouvoir temporel.

741. **France**. Karl Martel meurt, laissant le pouvoir à ses fils Carloman et Pépin-le-bref, maires du palais.

Les deux frères combattent les Alamans, les Bavarois, les Saxons, les Aquitains, les Vascons. — Ils convoquent fréquemment des assemblées soi-disant nationales, *champs-de-mars* ou *champs-de-mai*.

742. Boniface, évêque de Mayence, dénonce au pape Zacharie « les prêtres débauchés et exacteurs d'impôts, et les évêques qui combattent en armes et répandent de leur propre main le sang des hommes. » (Don Bouquet)

750. **Arabes**. Les califes Ommiades prennent fin et sont remplacés par les Abbassides, — qui régneront cinq siecles, — à Bagdad.

Cependant l'ommiade Abdérame se maintient indépendant en Espagne. Ses descendants régneront près de trois siecles à Cordoue.

752. **France**. Pépin relègue dans un cloître CHILDÉRIC III, dernier mérovingien.

PÉPIN, nommé roi par les États (avec l'assentiment du pape Zacharie), ouvre la *dynastie carolingienne*, ainsi appelée du nom de son successeur (1). Le pape Etienne lui donne le titre de *patrice*, avec la souveraineté de Rome et de son duché, et Pépin donne au pape l'exarchat et la pentapole.

Astolphe, roi des Lombards, prend Ravenne, chassant Eutychius, dernier exarque.

771. Mort de Carloman. Sa veuve et ses fils, dépouillés par Karl, fils de Pépin, trouvent asile auprès de Didier, roi des Lombards.

KARL reste seul roi des Francs. Il sera surnommé *grand* (CHARLEMAGNE) à cause de ses conquêtes. — Il passe pour saint, malgré ses débauches et ses cruautés.

Il commence une guerre de 33 ans contre les Saxons, idolâtres, qui obéissent à Witikind. — Il convoquera de fréquentes assemblées, pour préparer, — faire adopter ou promulguer les *capitulaires*. — Il attaque Didier qui dépouillait le pape Adrien, le prend à Pavie, et met fin au royaume des Lombards (774). — Les divisions des Maures le font entrer en Espagne, dans la vallée de l'Ebre (778). Le paladin Roland, son neveu, est tué à Roncevaux.

775. **Orient**. A CONSTANTIN COPRONYME, succède LÉON IV.

Il règne 5 ans. Son fils, Constantin PORPHYROGÉNÈTE, lui succède sous la régence d'Irène, sa mère.

---

(1) Nommée abusivement carlovingienne, par une imitation maladroite du nom de la mérovingienne.

786. **Haroun**-al-Raschid (le juste ou le justicier), calife abbasside de Bagdad.

791. Irène, impératrice régente, fait crever les yeux aux oncles de son fils, — puis à son fils lui-même, quand il voudra s'émanciper (797).

Le roi Charlemagne traite avec la même cruauté des conspirateurs.

800. **Charlemagne** est couronné empereur d'occident par le pape Léon III.

Le pape Léon avait été élu en 795; Charlemagne avait, sur sa demande, confirmé son élection, et l'avait protégé contre les violences des partisans du pape Adrien.

Arts, sciences. Alcuin érige des écoles, dont une dans le palais même de Charlemagne; on y enseigne la grammaire, le calcul, la musique. Mais elles ne s'adressent qu'à des classes privilégiées; elles n'intéressent pas les peuples, et n'adoucissent en rien l'affreuse barbarie, entretenue depuis le sommet jusqu'aux bases de la société, par le choc de toutes les ambitions et de toutes les convoitises, civiles et ecclésiastiques.

Quelques Arabes, sous les Abbassides, traduisent les écrivains grecs et cultivent les mathématiques, la médecine, l'astronomie.

IXe siecle.

L'établissement du système féodal coincide avec un redoublement de barbarie de la part des princes. Ils prennent l'habitude horrible de faire crever les yeux à ceux qui veulent leur tenir tête (Louis-le-pieux ou le débonnaire 818, Ramire, roi d'Oviédo, Karl-le-chauve 873, Bérenger 904).

Karl-le-grand partage, par testament, ses états entre ses trois fils.

Ce partage, approuvé par les seigneurs assemblés à Thionville (806) aggravé par Louis-le-débonnaire (829), par Lothaire (855), par Louis de Germanie (876), rendu définitif par l'assemblée de Tribur en Souabe (887), multiplie les guerres civiles, affaiblit le pouvoir et le livre aux leudes, qui transforment leurs *bénéfices* en domaines héréditaires. De là l'établissement du *système féodal* qui en multipliant les *suzerains* (ducs, comtes, barons, laïcs ou ecclésiastiques et leurs *vassaux* et sous-vassaux, complète l'asservissement des *roturiers* ou vilains, regardés désormais comme propriété des seigneurs. Cette servitude monstrueuse, qui s'étendra à toute l'Europe, sera maintenue pendant dix siècles, — jusqu'à la révolution française, qui en déclarera l'abolition.

La puissance royale affaiblie, souvent renversée, s'étaie du pouvoir croissant des évêques et s'abaisse devant lui (Louis, roi d'Aquitaine, 813, Louis-le-Débonnaire, 834, Charles-le-chauve, 840, 859, 877; Louis II, empereur, 858, Charles-le-gros, 880). — Les évêques et les abbés se font exempter du service militaire. — Ils tiennent, en ce siècle, plus de 220 conciles, presque tous en occident, quelques-uns à Nicée et à Constantinople.

811. **Orient**. Les empereurs, NICÉPHORE, puis MICHEL (813) font la guerre aux Bulgares.

LÉON IV, l'arménien, fait la guerre aux images (814).

819. **Angleterre**. Egbert, roi de Wessex et de Sussex, fait la conquête des deux autres royaumes saxons: Essex et Kent.

Il rendra tributaires les trois royaumes des Angles (827), et dominera ainsi l'heptarchie.

837. **Occident**. Les Northmans (Danois) désolent les côtes de Frise.

Ils s'établissent dans l'île de Walcheren, d'où ils remontent l'Escaut, la Meuse, le Wahal.

Conduits par Oscheri (Oger-le-Danois), ils viennent par la Seine incendier Rouen (841), et ravager l'Ile-de-France. Ils rançonnent le roi Charles, et pillent la Picardie et la Flandre. Ils atteignent Nantes, Saintes, Bordeaux (843), — la côte d'Espagne jusqu'à Cadix (844), et Séville par le Guadalquivir (845). — Ils s'emparent de l'île de Noirmoutier; — brûlent Angers, ravagent l'Orléanais (856). — Ils remonteront encore la Seine, et viendront assiéger Paris (885), qui sera défendu par l'évêque Gozlin et par Eudes, duc de France, puis roi (887).

Ils portent leurs incursions en Angleterre, avec des succès divers. — Ils sont vaincus à Okley (852); mais ils vaincront souvent le roi Alfred, qui sera réduit à se cacher (877). — Ils débarquent entre la Meuse et le Rhin, et ravagent les Pays-bas (891).

842. Les fils de Louis-le-débonnaire se livrent, à Fontenay (près Auxerre), une bataille où périssent cent mille Français.

Légende de la papesse Jeanne (vers 855).

865. **Orient**. Lutte entre les prêtres latins et les prêtres grecs chez les Bulgares. Les Grecs l'emportent.

Basile le Macédonien assassine Michel III l'ivrogne, et le remplace (867). Sa famille gardera le trône plus d'un siecle et demi.

Le savant Photius, patriarche de Constantinople, excommunie le pape Nicolas. Adrien II lui renvoie l'anathème. Cette querelle troublе longtemps l'empire (867, 877, 879, 881).

894. Les **Hongrois** viennent des régions du Volga dans celles de la Théis et du Danube, sous la conduite d'Arpad, chef des Magyares.

Borziwof, duc des Slaves Tcheches, en Bohème.

« Rapide succession de papes à Rome, la plupart sans talents et sans vertus. » (Dreyss)

Arts, sciences. Les serments échangés à Strasbourg entre Louis-le-Germanique et Charles-le-chauve offrent le plus ancien monument de la langue tudesque (dialecte des Carolingiens) et de la langue romane (parlée dans le nord de la France).

On fabriquait à Cordoue et à Tolède des armes magnifiquement ornées.

Xe siecle.

Le Xe siecle a été nommé le *siecle de fer*.

L'Europe fut en proie aux plus épouvantables effets de la barbarie, de l'esclavage et du despotisme. Les divisions des seigneurs, les guerres qui s'élevaient sans cesse entr'eux et les rois, couvraient tous les états féodaux de sang et de ruines. A la faveur de ces guerres intestines, les Northmans, les Russes, les Bulgares, les Turcs, les Esclavons, surtout les Hongrois, multipliaient leurs invasions et leurs ravages; et il fallait, pour les arrêter, leur prodiguer l'argent des peuples fixes. La lutte continuait en Espagne, par plus de 50 batailles, entre les chrétiens et les Maures.

Aux calamités des guerres, succédèrent des pestes affreuses et des famines, dans lesquelles on mangea de la chair humaine.

Une terreur panique de la fin du monde, attendue superstitieusement pour l'an 1000, multiplia les donations au clergé et accrut rapidement sa puissance et ses richesses. L'incessante activité qu'il mit à étendre son influence et à l'exercer devait lui soumettre les peuples et les souverains. Il y eut, en Europe, dans le dixième siecle, cent trente assemblées d'évêques, nommées *conciles*, et, dans le onzième siecle, trois cent cinquante. (Lenglet)

904. **Orient**. Les Russes, conduits par Oleg, descendent le Dniéper, pénètrent dans le Bosphore et ravagent les environs de Constantinople.

Des pirates Sarrasins prennent d'assaut Thessalonique.

Occident. Bérenger, roi d'Italie, fait crever les yeux au fils de Boson, roi d'Arles, son compétiteur. Il est ensuite couronné empereur par le pape Jean IX (ou X, 915).

Mais l'Allemagne ne le reconnaît point : elle a pour empereur, ou au moins pour roi, Conrad, duc de Franconie, élu en 912 par l'assemblée des seigneurs, tant clercs que laïcs, et des députés des grandes villes. Ce système d'élection se maintiendra jusqu'au XIIIe siecle, où quelques seigneurs le confisqueront en s'arrogeant le titre exclusif d'*Electeurs*.

905. **France**. Les Northmans s'établissent en Neustrie (Normandie).

Ils s'emparent du Cotentin et du Maine (906); — ravagent la Bretagne, la Picardie, la Champagne.

Leur chef Rol ou Rollon devient gendre de Charles-le-simple (912). Il établit le régime féodal en Neustrie. — Les Northmans (Normands) adoptent la langue romane (langue d'oïl).

909. **Afrique**. Obéïdollah fonde la dynastie, indépendante, des Fatimites, — qui durera jusqu'en 1172.

Son empire comprendra toute la côte jusqu'à Tanger, et la Mauritanie.

Europe. Les Hongrois ravagent la Thuringe; — la Bavière, où ils sont défaits par Conrad (914); — la Saxe (915); — pillent Hambourg; — brûlent Basle (917).

Bérenger les attirera en Italie (924), où ils massacreront les habitants de Pavie et de Verceil. Ils se répandront en Provence et en Languedoc. — Dans toute la première moitié de ce siecle, ils ravageront successivement l'Allemagne, l'Italie et la France, jusqu'à ce que la victoire remportée sur eux à Augsbourg (955) par Othon Ier à la tête de tous les peuples allemands, mette fin à leurs invasions.

961. **Rome**. Débauches du pape Jean XII.

Il prête serment de fidélité à Othon. L'empereur parti, il rappelle Bérenger II.

975. **Orient**. Les fils de l'empereur ROMAIN II, Basile II et Constantin VIII, régneront ensemble un demi-siecle.

987. **France**. En LOUIS V le *fainéant*, s'éteint la race des Carolingiens (vulg. Carlovingiens). Hugues Capet, duc de France, élu roi, commence la dynastie des Capétiens, qui régnera plus de huit cents ans.

992. **Cologne**. Boleslas, l'intrépide, enlève Cracovie aux Bohêmes.

998. **France**. Robert-le-pieux est excommunié par le pape.

L'interdit jeté par la sentence pontificale sur tout le royaume y produit des effets terribles.

Arts, sciences. Ce sont les Arabes qui cultivent les lettres. Ils ont, en Espagne, des bibliothèques, des académies. Ils font des traités de géographie et de médecine. Ils élèvent de beaux monuments et favorisent l'agriculture.

XIe siecle.

L'anarchie œcuménique et sanglante continue par les compétitions des rois et empereurs, par l'indiscipline violente des gens de guerre et par les empiètements incessants des gens d'église. La puissance du pape et des évêques arrive à son apogée, et en même temps les vices, les scandales éhontés, les simonies, les superstitions et les vengeances féroces. Les princes ne perdent pas la coutume de crever les yeux à leurs rivaux vaincus (Pologne, Orient, Normandie, 1006, 41, 42, 71, 1103). L'empereur Basile se livre en grand à cette pratique sur 15 mille prisonniers bulgares (1014). C'est ainsi qu'il s'assure un régne de 50 ans. Un concile d'Orléans brûle vifs 13 manichéens (1022) en présence du roi Robert le pieux. Wratilas, duc de Bohême (1061), chasse les Juifs, égorge et brûle les malheureux qui passent pour magiciens.

Benoit IX vend la papauté à Grégoire VI (1044).

1034. **Savoie**. Humbert, saxon, reçoit en don, de l'empereur Conrad-le-Salique, le Chalais et le Valais, domaines primitifs de la maison de Savoie.

1037. **Turcs**, Seldjoucides. Togru-Beg, fils de Seldjouk, s'établit dans le Koraçan.

Il s'empare de la Perse (1058), — et de la Syrie. Plus tard les Seldjoucides s'empareront de l'Asie Mineure ; ils seront dépossédés par les Turcs Ottomans.

Les guerres privées, qui se renouvellent continuellement entre les seigneurs féodaux, trouvent un faible remède dans la *trêve de Dieu* (1041) ; elles en ont un plus efficace dans les croisades qui, en causant la ruine ou l'extinction d'un grand nombre de familles seigneuriales, préparent la destruction de la féodalité.

Des fléaux épidémiques sont les fruits de la guerre et de l'abandon des soins sociaux. Le *mal des ardents* commence, en 1043, à sévir en France, et s'y fera sentir pendant 2 siecles. D'horribles famines désolent ce pays (1032, 1059), et l'Allemagne (1062). La peste sévit dans toute l'Europe (1006) pendant 3 ans. Elle dépeuple encore la Saxe en 1020.

La France jouit d'une tranquillité relative, due aux trois longs règnes capétiens (ROBERT II, HENRI Ier 1031, PHILIPPE Ier 1060), qui remplissent le onzième siecle tout entier. — L'entente des bourgeois dans quelques villes pour s'ériger en *communes* est la première lueur qui annonce de loin le relèvement futur du peuple (Le Mans 1073, Beauvais 1089). Dans les campagnes, le peuple faisait partie de la terre, et l'on vendait un domaine au prix non de son étendue, mais du nombre de *manses* ou familles de serfs qu'il comportait.

1001. Des **Scandinaves**, déjà établis en Groenland, découvrent la côte de *Vinland* (Nord-Amérique).

1002. Les **Danois** sont égorgés en Angleterre par ordre d'Ethelred II.

Leurs invasions se répètent chaque année : leur roi, Suénon, y porte avec lui le carnage et le feu. Il s'établit à Londres (1013). — Son fils Kanut lui succède (1015) sur les deux trônes. — Il s'empare de la Suède et de la Norvége (1028).

1016. Les **Normands** entrent en Italie.

Ils s'y établiront et s'y maintiendront en aidant et combattant tour à tour les ducs Grecs et les princes Lombards. — Leurs chefs se partagent les fiefs de l'Italie méridionale (1043) — Robert Guiscard obtient de Nicolas II la permission de conquérir la Sicile, et Richard d'Aversa la principauté de Capoue (1059).

1038. **Espagne** et **Portugal**. Après Muhamed, dernier calife de Cordoue, le califat est démembré en autant de royaumes qu'il y a de grandes villes.

1043. Les **Vandales** (Germains) envahissent le Sleswig danois.

1053. **Églises**. Le patriarche Michel par sa résistance aux légats du pape Léon IX, consomme le schisme entre les grecs et l'église latine.

1057. **Orient**. Les soldats chassent Michel VI, et donnent l'empire à Isaac Comnène.

1061. **Russie**. Les Tatares, venus des bords du Don et du Jaïk, envahissent et ravagent la province de Péréiaslavl.

1066. **Angleterre**. Guillaume-le-bâtard, duc de Normandie, vainqueur à Hastings.

Il se fait couronner roi par l'évêque d'York, et il distribue la terre à ses chevaliers. — La langue d'oïl sera la langue officielle du barreau et des actes publics en Angleterre jusqu'en 1361.

1073. **Allemagne**. Les Saxons et les Thuringiens s'insurgent contre les demandes de dîmes pour les abbayes.

Espagne. Alphonse VI, dépouillant son frère de la Galice, réunit sur sa tête toute la monarchie castillane.

Il l'agrandira de la *Nouvelle-Castille*, par ses succès contre les Arabes.

Rome. Le moine Hildebrand devient pape Grégoire VII.

Il déploie une grande activité pour réformer l'église, pour la soustraire au pouvoir des seigneurs laïcs, pour soumettre les souverains à sa couronne et pour y ramener l'église grecque. — Il traite la Hongrie comme un fief de la tiare (1074).

Il tient tête au roi de France (1073), aux rois espagnols (1077), à l'empereur d'orient (1078). Il menace Henri IV, qui le fait déposer par une assemblée d'évêques ; à son tour, il excommunie et dépose l'empereur (1076). — Il a pour lui la puissante comtesse Mathilde, — qui lui donnera toutes ses richesses. — Il soumet Alphonse VI à un tribut annuel (1077) ; il excommunie Robert Guiscard et Richard, comte de Capoue. — Assiégé par l'empereur dans le château St-Ange, il est délivré par ce même Guiscard, qui met Rome à sac (1084).

1087. **Hongrie**. Ladislas hérite de la Croatie.

Il guerroie contre les Valaques, les Russes, les Polonais, les Bohêmiens.

1092. **France**. Le roi Philippe répudie sa femme, Berthe de Hollande.

Il prend Bertrade, femme de Foulques, comte d'Anjou, en présence de plusieurs évêques dont il achète le consentement.

1095. **Poméranie**. Les Danois détruisent Wollin, ville des Vandales, repaire des pirates de la Baltique.

France. Au concile de Clermont-Ferrand, Pierre l'hermite et Urbain II poussent l'Europe aux *croisades*.

Déjà en 1064, 70 mille hommes avaient entrepris le voyage de Palestine. Ils y avaient trouvé la mort ou la captivité. Les premières bandes de croisés, parties en 1096 sous la conduite de Gauthier-sans-avoir, de Pierre et du prêtre Godescalc, ravagent la Hongrie sur leur passage, et sont massacrées. Cent mille chevaliers et 600 mille fantassins s'acheminent ensuite vers Constantinople. Alexis Comnène, redoutant leur violence, les détourne sur l'Asie-mineure (1097). Ils prennent Nicée, qu'ils rendent aux Grecs, — Edesse, dont Baudoin devient comte, — Antioche (1098), qui est dévolue à Bohémond, — enfin Jérusalem (1099), dont le duc de Basse-Lorraine, Godefroy de Bouillon est élu roi par les chevaliers. — Son frère Baudoin lui succède en 1100.

Arts, sciences. Les Arabes cultivent la poësie, la géographie, l'histoire. Avicenne donne des préceptes arbitraires de médecine, qui feront loi, jusqu'au quinzième siècle, dans les écoles d'Italie et de France. Celle de Salerne met en contact des Normands et des Lombards avec des Grecs et des Sarrazins d'orient. Malek-schah, turc seldjoucide, érige un collége d'astronomie à Bagdad.

En Europe, la métaphysique et la théologie égarent toujours les esprits et arrêtent tout progrès. La dispute des *réalistes* et des *nominaux* a passionné stérilement le moyen-âge. Louis XI devra faire clouer leurs livres dans les bibliothèques pour suspendre les violents débats qu'ils entretiennent (1475).

Un travail beaucoup plus fructueux est le *cadastre* détaillé de *l'Angleterre*, ordonné par Guillaume-le-conquérant (1080) : c'est le commencement de la *statistique*, science précieuse, qui doit être le guide de tous les gouvernements, mais qui ne se généralise et ne se perfectionne que de nos jours.

Un moine musicien, Gui d'Arezzo, invente les lignes de la gamme et les six notes, *ut*, *ré*, *mi*, *fa*, *sol*, *la* (syllabes qu'il tire d'un hymne d'église) : le *si* n'y est ajouté, pour compléter l'octave, que cinq siecles plus tard.

La première croisade a été racontée par Anne Comnène, fille d'Alexis. Ses récits ne sont pas favorables aux aventuriers de l'occident.

Venise et Gênes, grâce aux croisades, s'enrichissent par le commerce du Levant.

XIIe siecle.

Les luttes des suzerains entre eux et la part qu'y prend le haut clergé continuent d'ensanglanter le monde. Les empereurs et les papes se disputent le droit d'investiture des biens et des revenus d'église. Les armes sont le plus souvent vaincues par les bulles d'excommunication, d'interdit (1141, 48, 92, 1200) et de déposition. Mais les compétitions des papes et des antipapes arrêteront l'accroissement de la puissance cléricale.

Les croisades, en amenant des vaisseaux Vénitiens et Gênois vers l'orient, donnent lieu au riche commerce de ces deux républiques.

Plusieurs villes de France s'érigent en communes pour se défendre contre les tyrans féodaux (1102, 11, 16, 82, 87). Cet exemple sera suivi en Espagne (Aragon, Castille, 1130, 1169).

1106. **Angleterre**. Le roi Henri Ier, ayant gagné la bataille de Tinchebray, devient, comme duc de Normandie, un vassal redoutable pour le roi de France. Il commence, en 1116, les guerres qui ont divisé pendant trois siecles les Anglais et les Français.

1108. **France**. Louis VI, le gros, combat les seigneurs du duché de France.

Il favorise contre eux l'institution des communes (Laon et Amiens 1111, Soissons 1116); il institue les appels *royaux*; il ébranle ainsi le régime de la féodalité, et en prépare la chute.

1110. **Hérésies**. Les bogomites sont brûlés à Constantinople.

Allemagne. Débats des *Guelfes* (papistes) et des *Gibelins* (impérialistes), querelles des *investitures* (1112-1122).

La peste ravage l'Allemagne (1125).

1128. **Italie**. Le pape excommunie Roger, duc de Sicile, qui lui refuse hommage-lige pour la Calabre et la Pouille.

1138. **Maroc**. La révolte des Almohades prépare la chute des Almoravides en Espagne.

Les princes Almohades réuniront les deux puissances, spirituelle et temporelle, en prenant les titres de califes et d'émirs-al-moumenin.

1139. **Portugal**. Le comte Alphonse Henriquez chasse les rois Maures qui possédaient la Lusitanie, et se fait roi.

1142. **France**. Louis-le-jeune, faisant la guerre au comte de Champagne, allié du pape, fait périr 1300 personnes dans une église.

1144. **Rome**. Arnaud de Brescia tente de rétablir la république et la liberté.

1147. **Palestine**. Deuxième croisade, conduite par Louis-le-jeune et Conrad III.

Elle est traversée par la perfidie des Grecs, qui se joignent aux Musulmans et causent la ruine des armées croisées. Plus de cent mille Français y périrent.

1152. **Allemagne**. Frédéric (*Barberousse*) de Souabe est élu par les seigneurs allemands pour succéder à Conrad III.

Il est couronné par le pape Adrien (1156), après lui avoir livré Arnaud de Brescia. — Il épouse l'héritière de la Franche-Comté de Bourgogne. — Il envahit et saccage la Pologne (1157). — Il érige la Bohême en royaume (1158). — Il est excommunié par le pape (1159). — Il prend et brûle Milan (1162); — rase Mayence (1163); — s'empare de Rome, et en chasse le pape Alexandre; — il se retire devant la révolte des Italiens; il est défait par les Milanais, et se sauve en Allemagne (1169). — Il se fait couronner roi des deux Bourgognes à Arles et à Vienne (1178). Il soumet les ducs de Poméranie et le Holstein (1181).

France. Éléonore, répudiée par Louis VII, *épouse* Henri Plantagenet, qui dès lors possède en France la Guyenne, le Poitou, le Limousin, l'Agenois, la Gascogne avec l'Anjou, le Maine, la Touraine.

1169. **Egypte**. L'émir SALADIN chasse les Latins de Damiette, — et de Gaza (1170).

A la mort du dernier calife fatimite, Saladin commence la maison des sultans ayoubites (1171). — Il met fin au royaume latin de Jérusalem, par la défaite de Gui de Lusignan à Tibériade (1187).

1171. **Irlande**. Henri II, d'Angleterre, soumet les rois d'Irlande, et les rend tributaires.

1173. **Japon**. Le général Joritomo dépouille le Daïro du pouvoir temporel, et lui laisse l'autorité religieuse.

1176. **Italie**. Bataille de Legnano, gagnée par la ligue Lombarde sur les Impériaux.

1182. **France**. PHILIPPE-Auguste chasse et dépouille les Juifs.

Il partage leurs dépouilles avec l'évêque de Paris. — Puis il leur extorque de grosses sommes, pour leur permettre de rentrer en France.

1183. **Orient**. Andronic COMNÈNE fait étrangler l'empereur Alexis, et lui succède.

Il est tué par Isaac L'ANGE, qui prend sa place (1185).

France. Les gens du Berry tuent plus de sept mille Albigeois.

1189. Les rois Philippe-Auguste et Richard-Cœur-de-Lion partent pour la troisième croisade.

L'empereur Frédéric les suit : une partie de son armée est détruite par la perfidie de l'empereur grec. — Frédéric périt dans le Salphet (le Cydnus).

Richard s'empare de Cypre, dont Lusignan devient roi (1191). — Sa postérité y règnera jusqu'à la fin du quinzième siecle.

Les croisés rapportent d'Orient la lèpre : d'où l'institution des lèproseries.

1194. **Allemagne** et **Italie**. Henri VI enlève aux Normands le royaume des Deux-Siciles.

Ses cruautés le font haïr des Siciliens. Il comprime leurs révoltes à force de supplices.

1200. **Espagne**. Alphonse IX, roi de Castille, vole les provinces d'Alava, de Biscaye et de Guipuscoa à Sanche VII, roi de Navarre.

Arts, sciences. Malgré les violences sanguinaires des souverains et des pontifes, qui se répètent sans intermission, la force spontanée de l'esprit humain paraît se réveiller d'un long assoupissement. Les langues de l'Europe commencent à revêtir, d'une manière plus sensible, la forme élégante et polie qui jettera de l'éclat sur les siecles suivants : le vieux et riche celtique, mêlé de quelque partie de Latin et de Teutonique, devient l'italien, le français, l'espagnol. En France, il y a deux idiômes apparentés : la langue d'*oc*, ou des *troubadours*, au midi de la Loire, et la langue d'*oui*, d'*oïl*, ou des *trouvères*, au nord de ce fleuve. Troubadours et Trouvères composent des poësies où sont peintes les mœurs de la chevalerie, et qui deviennent célèbres dans toute l'Europe. Le cambrien Arthur appelle à sa *Table ronde* les chevaliers Ivain, Merlin, Lancelot du Lac, etc. Les *Chansons de geste*, sont des épopées historiques mêlées de fables. *Wace* de Jersey, écrit, en langue romane, l'histoire chevaleresque des rois de Grande-Bretagne et celle des ducs de Normandie (*Ro-*

man de Bust, *Roman de Rou* ou Rollon). Nestor, moine russe, écrit une chronique en esclavon.

L'évêque Guillaume de Tyr écrit une histoire des croisades.

La langue grecque produit encore le Lexique de Suédas, les Scholies de l'évêque Eustache sur les poëmes d'Homère et sur Denys le périégète, et la chronique de Zonare.

L'Arabe Averrkoès, et en Italie l'École de Salerne composent des ouvrages de médecine.

L'architecture donne les grandes constructions du style dit arabe ou *gothique*. Les Almohades à Séville; — commencement de la cathédrale de Paris, etc. On construit aussi à Paris deux halles couvertes (1183), des murs d'enceinte et des portes de ville (1190), et on commence à paver les rues (1184).

A la fin du siecle, la boussole est mentionnée sous le nom de marinette, comme étant en usage en France.

XIIIe siecle.

Les Papes et les conciles maintiennent le pouvoir qu'ils ont usurpé sur les gouvernements civils, grâce surtout aux rivalités des souverains, à l'usage fréquemment suivi de diviser les provinces entre leurs enfants, et au droit féodal d'hérédité, attribué aux femmes. Innocent III se fait particulièrement remarquer par ses tentatives persistantes de domination universelle. Les bulles d'excommunication et de déposition atteignent tous, empereurs (Othon IV, 1210, Frédérik II, 27, 38, 45, Théod. Commène, 29, Conrad IV, 54, Michel Paléologue, 81); rois (Jean d'Angleterre, 1212, Portugal, 45, 82, Aragon 46, Eric V, 66, Sicile, 82) ou seigneurs (Raymond de Toulouse, 1208 et 1226; barons anglais, 1216; villes Lombardes, 1226), qui résistent aux volontés de l'église. Les papes conduisent aussi des armées pour soutenir leurs bulles (Grégoire IX, 1228), et ils prennent pour devise deux glaives (Boniface VIII). Les états sont mis en interdit (royaume de Léon 1202, Angleterre, 1208, Portugal, 57 et 82, Danemark, 58 et 98, Gênes, 62, Milan, 63), et portent ainsi, souvent pendant plusieurs années, (Danemark 17 ans, Milan 4 ans) la cruelle peine des fautes, vraies ou prétendues, de leurs souverains ; quelquefois vraies, par exemple :

Le renvoi des épouses légitimes,

Et le crime de bigamie (Jean, roi d'Angleterre, 1201).

Les banqueroutes royales commencent en France par l'altération de la monnaie (1195). Philippe-le-bel joint à ce crime des ordonnances ignares pour empêcher les espèces de sortir du royaume, et pour réprimer le luxe des habits.

Cependant l'organisation des *communes* s'étend de ville en ville, par l'intérêt qu'ont les souverains de les opposer aux seigneurs féodaux ; elles font admettre leurs députés aux Etats-Généraux, et forment, en France, un corps nouveau, qui est le *tiers-état*. En Allemagne, les villes anséatiques obtiennent les mêmes droits. En Espagne, où il s'agit de lutter contre les Maures, ce sont les prêtres qui conduisent les chrétiens aux Etats-généraux. En Angleterre, le peuple s'unit aux barons contre les rois, dont le pouvoir est trop étendu.

1203. **France**. Jean-sans-terre, roi d'Angleterre, vassal de Philippe-Auguste, est cité devant la cour des pairs de France, pour le meurtre d'Arthur, duc de Bretagne.

L'arrêt de la cour le dépouille de toutes ses possessions françaises. — Philippe lui enlève la Normandie (1204), la Touraine, l'Anjou, le Maine, le Poitou (1205).

1206. **Orient**. L'empire latin se décompose par l'aide que les Bulgares prêtent aux Grecs.

Théodore Lascaris se fait empereur à Nicée. D'autres grecs se font des états indépendants à Trébizonde, en Colchide, en Paphlagonie.

Mongols. Thingis-Khan (chef des chefs) entraîne cent tribus idolâtres à la conquête de l'Asie.

Il détruit les monuments sur son passage. — Il prend d'assaut

Pékin (1205), et s'avance jusqu'aux montagnes du Nord. — Il conquiert sur les Musulmans le Turkestan, la Transoniana, le Khoraçan, la Perse, prenant, avec l'aide d'ingénieurs chinois, une foule de villes, Boukhara, Samarcand, Hérat Candahar . . . et s'avance jusqu'en Syrie, où il meurt (1227). — Son empire est partagé entre quatre de ses fils, dont l'aîné Oktaï reste Grand-Khan en Chine. — Le neveu d'Oktaï conduit six cent mille Mongols à Moscou et à Wladimir (1236) — Ils atteindront la Silésie, la Hongrie (1241), suivis de la famine, de la peste et de la dépopulation.

1208. **Inquisition**. Raymond VI comte de Toulouse, fait mourir le premier inquisiteur, légat Castelnau.

1209. **Empire d'Occident**. Innocent III couronne empereur Othon IV de Braunswig, au prix de l'héritage de la comtesse Mathilde.

1212. **Espagne**. La puissance des Almohades est détruite par la victoire des rois d'Aragon, de Navarre et de Castille, dans les plaines de Tolosa.

1214. **France**. Bataille de Bouvines,

Gagnée par les milices communales et la chevalerie, sous les ordres de Philippe-Auguste, contre le roi d'Angleterre, l'empereur Othon et les vassaux rebelles de France.

1215. **Angleterre**. *Grande charte*, arrachée au roi Jean par les barons et les évêques.

Malgré l'annulation prononcée par le pape, cette charte est le point de départ officiel des libertés du peuple Anglais. Elle sera confirmée plusieurs fois, notamment en 1264. La *chambre des communes* naîtra de l'admission de deux chevaliers par comté et de deux bourgeois par ville dans le parlement.

1222. **Hongrie**. La *Bulle d'or*, charte de garantie pour les nobles et les prêtres, est donnée par le roi André II.

1229. L'**Inquisition**, établie par un concile de Toulouse.

Un concile de Béziers en règle la procédure (1246).

1235. **France**. Louis IX rend une ordonnance contre les évêques qui s'immiscent dans les fonctions des juges séculiers.

Il la maintient malgré l'opposition de Grégoire IX.

Il donnera en 1269 la *Pragmatique sanction*, où seront édictées les libertés de l'église gallicane ; — et en 1270, ses *Etablissements*. — Institution des notaires.

1241. **Hanse teutonique**. Lubeck et quelques autres villes, allemandes ou slaves, forment la *ligue anséatique* pour se défendre contre la piraterie.

1248. **Croisades** de Louis IX.

Il s'embarque au port d'Aigues-mortes, qu'il a fait creuser ; aborde en Egypte près de Damiette ; marche vers le Caire. Son frère d'Artois perd la bataille de la Mansourah (1250). Le roi est fait prisonnier avec l'armée, resserrée entre les deux bras du Nil. — Pendant son absence, la régente Blanche de Castille, sa mère, réprime le soulèvement des Pastoureaux (1251).

Il tente une dernière croisade en 1270. Mais il meurt de la peste, qui détruit son armée près de Tunis.

1250. **Italie**. Florence s'érige en république et organise définitivement ses corporations ou *arts*.

1258. **Mongols**. Houlagou prend Bagdad, pille et brûle cette ville d'un million et demi d'habitants, et met fin à l'empire des califes, qui avait duré 656 ans.

Les Abbassides gardèrent encore en Egypte, pendant deux siècles et demi, l'autorité spirituelle et le titre de califes.

1259. **Grecs**. Michel Paléologue se fait empereur à Nicée.

Aidé par les Génois, il prend Constantinople et met fin à l'empire des Latins (1261). — Il se délivre des Tartares et des Turcs en les armant les uns contre les autres.

1260. **Slaves**. Treize ans de carnage et de dévastation, parce que les chevaliers Teutons veulent détruire l'idolâtrie chez les Samogitiens, les Prussiens, et chez les Lithuaniens.

1273. **Allemagne**. Rodolphe, comte de Habsbourg et Landgrave d'Alsace, est élu empereur.

1279. **Chine**. Kublaï, grand Khan des Mongols orientaux, commencera la dynastie des *Yen*, — qui donnera dix empereurs jusqu'en 1368.

Il achève de soumettre la Chine, et y joint la Corée, le Tonquin, la Cochin-chine, le Pégu, le Bengale. Il échoue contre le Japon.

1282. **Sicile**. Massacre de huit mille Français, que Charles d'Anjou avait conduits à Palerme (*Vêpres Siciliennes*).

Pierre, roi d'Aragon, s'empare de l'île. Elle restera, pendant plus de trois siecles, indépendante de l'Etat de Naples.

Angleterre. Les Bretons qui avaient gardé leur indépendance dans le pays de Galles (Wales), sont soumis par Édouard Ier.

1285. **Espagne**. Philippe-le-Hardi envahit la Catalogne et l'Aragon.

Au retour, il meurt à Perpignan. Son fils, Philippe IV (le-bel), lui succède.

1295. **Pologne**. Le duc Prémislas prend le titre de roi, que garderont ses successeurs.

Arts, sciences. Les nations nouvelles cherchent à se constituer par des recueils de lois, qui sont un mélange de droit romain et de droit féodal (Espagne, 1252, lois de Castille et lois des Maures; — 1284, les *siete partidas*; France, 1254, droit romain, droit écrit et droit coutumier, *Établissements* de Louis IX; — Suède, 1290, lois de Magnus, favorables aux paysans).

Les écoles se multiplient sans épurer les mœurs, ni relever les esprits, et sans rien ajouter aux connaissances acquises : les livres des *Sentences* de Pierre Lombard, commentés par Albert (le grand), Bonaventure, Scott, Thomas d'Aquin, n'offrent que de vaines subtilités de métaphysique et de théologie.

Cependant les Arabes s'occupent avec succès de médecine, de pharmacie et même de chimie. Ils trouvent les premiers éléments de l'algèbre. Les orientaux font usage de la poudre à canon, que décrit Roger Bacon, moine anglais d'un esprit ingénieux et chercheur.

On commence à tracer des cartes géographiques, après les relations du vénitien Marco Polo et d'autres voyageurs. Les tables astronomiques dites *Alphonsines* portent le nom du roi de Castille qui y a travaillé avec le juif Albuassin.

La langue française, ou langue d'oïl, prend son rang dans la littérature par les écrits de Villehardouin, du sire de Joinville, par les *Grandes chroniques* conservées à St-Denis, et par la multitude des poëtes, qui font lire dans toute l'Europe leurs rimes, leurs fabliaux, leurs lois, leurs satires, leurs romans de chevalerie. Mais le grand chef-d'œuvre de ce siecle est le poëme du Dante, la *Divina Commedia* (l'enfer, le purgatoire et le paradis), qui a fixé la langue italienne.

L'architecture et la sculpture produisent des monuments qui sont encore admirés, et dont les auteurs sont restés souvent inconnus.

XIVe siecle

Le quatorzième siecle est signalé par la fréquence des supplices cruels infligés à ceux que l'on accuse d'*hérésie* et de *sorcellerie*. Les Templiers, dont Philippe-le-bel convoitait les richesses, sont, à son instigation, mis en jugement par le pape d'Avignon (1307), condamnés à mort par un concile de Paris (1318), et brûlés vifs. L'hérétique Dulcin (1307), le poëte Cecco d'Ascoli, physicien visionnaire, sont brûlés vifs en Italie. Le médecin astrologue, Pierre de Apano, est brûlé en effigie. Deux religieux sont brûlés à Avignon (1353). Les inquisiteurs de Languedoc exterminent Albigeois, Vaudois, beguins, begards ou fratricelles, lépreux et Juifs (1319, 1321). De nombreux procès sont intentés contre les auteurs prétendus de maléfices et de sortiléges (1323).

Si l'alliance des souverains civils et ecclésiastiques s'était maintenue constamment, c'en était fait de la liberté humaine. Mais les pontifes ne se contentent pas de partager le pouvoir et les richesses; ils veulent disposer de tout en maîtres absolus dans la société civile, comme dans la hiérarchie ecclésiastique : ils tuent (1385) et ils font brûler, quand ils peuvent, ceux qui leur résistent (Dreyss,

p. 374); ils dépouillent les chapitres et les communautés de leurs droits d'élection (Clément VI, 1342); ils instituent des gouvernements (Plaisance, 1322; Bologne, 1360); des royautés (Hongrie, 1302; Pologne, 1320; Naples, 1382); des empereurs (Henri VII, 1312); — ils reçoivent l'hommage des souverains (Sardaigne, 1339; Sicile, 1373), ils les excommunient et les déposent (Philippe le bel (1301, 1302), Florence (1326), Louis de Bavière (1327, 1346), Danemark (1342), Naples (1380), ainsi que les papes leurs compétiteurs (1379); ils mettent en interdit les villes (Milan, 1321, Prague, 1409) et les États (id.); — vendent à prix d'or la rétractation de leurs anathèmes (Venise, 1323); dispensent les rois (1301, 1305), et tour à tour les peuples, de tenir les serments prêtés. Leurs excès soulèvent enfin des résistances, d'où doivent sortir l'indépendance et le salut du monde. Le parlement anglais donnera le signal de cette juste revendication (1367).

Cependant Naser, sultan d'Egypte et de Damas, Jousouf, roi musulman de Grenade, s'appliquent à soulager les peuples et favorisent l'agriculture et les autres arts.

1301. Le siecle s'ouvre par la bulle d'excommunication que Boniface VIII lance contre Philippe-le-bel.

Le pape se déclare souverain sur le temporel, comme sur le spirituel. Il décrète, par la bulle *Unam Sanctam*, que tout homme, dans quelque condition qu'il soit, est soumis au pape.

Benoît XI (1304) et Clément V (1305) révoquent les bulles que Boniface avait fulminées contre la France.

Clément dispense le roi d'Angleterre, Edouard, du serment des chartes.

1302 **France**. Première tenue des Etats-Généraux, formés des députés du clergé, de la noblesse et des villes.

Désastre de Courtrai. — Philippe-le-bel altère les monnaies (à diverses reprises; il surcharge la nation d'impôts (le cinquième de tous les revenus). — Une ordonnance (1303) règle les sessions de justice du parlement: les conseillers, presque tous clercs, font les rapports; les nobles jugent.

1304. Victoire de Mons-en-Puelle: défaite et soumission des Flamands.

Russie. Michel II est reconnu Grand-prince.

1307. **Suisse**. Ligue formée à Greutli, pour l'indépendance, par les cantons de Schwitz, Uri et Unterwald.

Expulsion des tyrans Autrichiens. Légende de Guillaume-Tell. Cinq autres cantons accédèrent successivement : Lucerne, Zurich, Glaris, Zug et Berne (1353).

1309. CLÉMENT V fixe sa résidence à Avignon.

La papauté y demeure près de 70 ans.

Jeanne, comtesse de Provence, vendra Avignon à Clément VI (1348). — Les papes s'enrichissent par le commerce des indulgences, les taxes des dispenses, des translations de siège, et par d'autres exactions, dont les rois partagent les profits. — Jean XXII laissera, en mourant (1334), dix-huit millions de florins d'or dans ses coffres.

Venise. Institution du Conseil des *Dix*, inquisiteurs d'Etat. — Ils donnèrent des exemples d'atroce tyrannie (1406). — La *Seigneurie* paiera au pape cent mille florins d'or pour rachat des censures portées contre elle.

1314. **France**. LOUIS X, le hutin, vend aux serfs de son domaine leur liberté, et aux Juifs leur rentrée en France.

Supplice d'Enguerrand de Marigny, ministre des finances.

L'**Allemagne** est ravagée par la famine et la peste.

1323. **France**. Charles VI, le bel, réprime les exactions des nobles.

1327. **Angleterre**. Le Parlement se transforme graduellement et se divise en deux chambres :

1° La Chambre des hauts barons et des dignitaires de l'église; 2° la Chambre des Communes, où entrent les chevaliers des comtés, les francs-tenanciers, les députés des villes et des bourgs.

Espagne. La Navarre se donne un parlement, sur le modèle de celui de France (1331).

1339. ÉDOUARD III envahit la Flandre et la Picardie. Il prend le titre de roi de France.

Il gagne une victoire navale à Lécluse (1340). Les Français n'avaient que des vaisseaux et des matelots génois. — Il envahit la Normandie, s'avance jusqu'auprès de Paris, défait Philippe VI à la funeste bataille de Crécy (1346); — fait le siége de Calais et épargne cette ville, grâce au dévouement d'Eustache de St Pierre (1347).

Espagne. Les rois de Grenade et de Maroc, malgré leurs canons et leurs boulets, sont vaincus par les rois de Castille (Alphonse XI) et de Portugal (Alphonse IV), sur les bords du Salado (1340).

1345. **Flandre**. Jacques Arteveld, chef d'une révolte, est tué à Gand par le peuple.

La peste ravage l'Egypte, l'Italie, la France, l'Angleterre, l'Allemagne (1346 à 48), la Russie (1352).

Les Juifs sont massacrés, sous la fausse accusation d'empoisonner toutes les eaux.

1347. **Rome**. Rienzi rétablit le tribunat, s'empare du pouvoir (gouvernement du *bon État*), et châtie la noblesse turbulente.

Il perd sa popularité au bout de quelques mois. Il est livré au pape, — qui plus tard (1352) se servira de lui.

1355. **France**. États-généraux de la langue d'Oïl, composés de 800 membres, dont 400 bourgeois.

Pour soutenir la guerre contre les Anglais, ils accordent trente mille gens d'armes, avec l'impôt du sel (gabelle) et la taxe sur les marchandises, moyennant des promesses de réformes, que le roi leur fait.

Venise. Le doge Marino Faliero est décapité par jugement du conseil des Dix.

1356. **France**. Le roi Jean-le-bon est fait prisonnier à la bataille de Maupertuis près Poitiers.

Il sera racheté moyennant trois millions d'écus d'or (1360, Traité de Brétigny).

La France est la proie des Anglais, des Navarrais et des routiers. — Marcel, prévôt des marchands de Paris. — Sa trahison et sa mort (1358). — Insurrection de la *Jacquerie*, dans l'Ile-de-France, la Champagne, la Picardie.

Allemagne. La *bulle d'or*, décrétée par les diètes de Nürnberg et de Metz, règle la fonction des sept électeurs de l'empire.

1360. **Turcs**. Le sultan Amurat prend Ancyra, Asie-Mineure, et Andrinople, Thrace, (1361).

L'empereur Paléologue fait crever les yeux à son fils aîné Andronic, et livre le second au sultan (1373).

1366. **France**. Bertrand du Guesclin conduit en Espagne les Grandes-Compagnies, qui désolaient le midi.

Après avoir affermi Henri de Transtamare sur le trône de Castille, il revient pour chasser les Anglais de la Guyenne. — Il est créé connétable. — Quoique Breton, il combat le duc de Bretagne, et le force à fuir en Angleterre (1373). Il mourra en héros citoyen (1380). — Charles-le-Sage meurt deux mois après lui. — Construction de la Bastille.

1368. **Chine**. Les Mongols sont chassés et remplacés par la dynastie chinoise des Ming (21ᵉ dyn.).

Elle durera 276 ans, avec 16 empereurs.

1370. **Mongols**. Timur-Beck (*Tamerlan*) prend le titre de Khan du Zagataï.

Il conquiert la Tartarie, — le Turkestan, — la Perse (1387). — Il pénètre dans l'Indoustan jusqu'à Delhi (1399).

1371. **Écosse**. Commencement de la dynastie des Stuarts.

1378. **Europe**. Schisme d'occident — troublera l'Europe soixante-dix ans.

Urbain VI, pape de Rome, est accepté par l'empire, la Hongrie, l'Angleterre; Clément VII est reconnu par la France, l'Écosse, l'Espagne, l'Italie méridionale. Les deux pontifes s'anathématisent réciproquement. — Urbain donne la mort aux cardinaux qui conspirent contre lui (1385).

1386. **Pologne**. Wladislas, grand duc de Lithuanie, commence la dynastie des Jagellons.

Elle se maintiendra près de deux siecles, par une suite d'élections.

1396. **Turcs**. Bataille de Nicopolis : les janissaires de Bajazet écrasent les Hongrois et les chevaliers français. Soumission de la Bulgarie.

1397. **Scandinavie**. UNION de KALMAR, provoquée par la reine Marguerite, en faveur de son neveu Éric.

1399. **Angleterre**. Richard II (*Plantagenet*) est détrôné par Henri de *Lancaster*.

1400. **Allemagne.** Les électeurs ecclésiastiques déposent l'empereur Wenceslas.

Le prince Jean, co-empereur de Constantinople, manque de foi à son oncle et collègue Manuel et à Bajazet.

Arts, Sciences. Les arts s'enrichissent de quelques découvertes importantes : Gioja, d'Amalfi, invente la boussole en 1302 ; Jansen, lunettier de Middelbourg, invente la lunette d'approche. Une horloge à roues est construite à Padoue par Jacques Dondis. On commence à se servir du papier de chiffe, qui, avec l'aide de la typographie, mettra partout les livres à la main du peuple. La gravure en bois sert aussi à la diffusion des connaissances. On dessine quelques cartes géographiques (Atlas catalan, 1375). Les cartes à jouer sont inventées vers la fin du siecle, pour amuser, dit-on, la démence de Charles VI.

Une belle race de moutons anglais est acclimatée et multipliée en Castille.

Plus vite que les arts sociaux, l'art de la guerre progresse par la poudre, les canons, les boulets de fer.

Le clergé empêche le progrès de la médecine, en interdisant les dissections et par suite l'étude de l'anatomie. (Décrétale de Boniface VIII). Il faut un édit royal pour que l'école de médecine de Montpellier obtienne, *par an*, UN corps de condamné. On avait d'ailleurs pour recettes l'intercession des saints et les enchantements. Les controverses théologiques arrivent aux derniers degrés de l'extravagance, notamment chez les moines grecs.

Les langues de l'Europe poursuivent leur transformation : l'Italien est fixé par les deux grands poëtes, Dante, Pétrarque et par le conteur Boccace. Les Anglais ont Chaucer, inventeur de leur vers héroïque. Wickliffe, écrivant contre la foi catholique et l'infaillibilité que s'arrogeaient déjà les papes, prépare les grandes réformes des siecles qui suivront. Le français donne la brillante *Chronique* de Froissart, les traités moraux et romanesques de Christine de Pisan, le *roman de la Rose* (par Jean de Meung et Guillaume de Lorris), ouvrage de longue haleine, mesuré et rimé presque correctement. — Les jeux floraux, institués à Toulouse par Clémence Isaure, maintiennent l'émulation poëtique. Les représentations des mystères préludent aux compositions théâtrales des siecles suivants. — Planude recueille les fables d'Esope. Harmenopule écrit en grec un traité de droit civil ; l'Ombrien Bartole, rédacteur de la *Bulle d'or*, se rend célèbre par ses leçons latines sur les trois livres du *codex*.

L'Italie, malgré les ravages des despotes, clercs et laïques, garde la culture des beaux-arts : Cimabue, Giotto, Gaddi, peintres ; Jean de Pise, sculpteur ; Bertholin, les Viscontis, architectes.

Pendant que les rois de l'Europe altèrent et falsifient les monnaies, les Chinois se servent du papier de crédit.

XVe siecle.

Le pouvoir que le clergé s'était arrogé sur les peuples donne, dès le commencement du XVe siecle, une importance fatale aux débats souvent sanglants des papes et des antipapes. Ces prêtres, qui se prétendaient souverains, sont tour-à-tour intronisés et déposés par les conciles (Pise, 1409 ; Constance, 1415 ; Bâle, 1437-1439) ; et les conciles s'excommunient réciproquement (1438).

Ce grand schisme d'occident n'empêche pas les interdits (France, 1407 ; Prague, 1409 ; Riga, 1477 ; Venise, 1489), les excommunications et dépositions (1465), ni les bûchers, où les évêques continuent de brûler les livres et les hommes qui revendiquent la liberté de conscience, Jean Huss, recteur de l'université de Prague (1415), Jérome de Prague (1416), etc. Ces assassinats religieux donnent lieu à la guerre des Hussites, soutenue par Jean Giska contre les empereurs Wenceslas et Sigismond. Elle dure juqu'en 1434. On y voit figurer les deux Procope (1424) et le prêtre Bodric (1426).

Les féroces commissaires de l'Inquisition couvrent l'Espagne de bûchers. Les mœurs n'y gagnent rien : « Il n'y eut jamais plus de perfidies, de trahisons, de meurtres et d'atroces débauches. » (Dreyss)

Les princes continuent de mettre l'assassinat et le manque de foi au service de l'ambition (1).

Les rivalités ardentes des souverains et des princes et l'antipathie théologique des Latins et des Grecs, favorisent les progrès des Turcs, qui s'étendent en Morée (1427), en Servie (1435 et 1449), en Hongrie (1440), en Bulgarie, en Roumélie (Macédoine et Thrace,) (1443-1449), prennent Constantinople (1453), Trébizonde (1461), et établissent sur les ruines des deux empires Grecs, leur grossière domination, — que l'Europe supporte encore, à la honte et avec la connivence des gouvernements chrétiens. Les souverains scandinaves bataillent sans pouvoir se rendre indépendants l'un de l'autre, ni se réduire à l'unité (1412, 1435-1450, 1483, 1497).

1402. Le Sultan Abou-Yézid (Bajazet) est vaincu et pris par Tamerlan, après trois jours de combat à Angouri (Ancyre).

L'empire Turc est déchiré par la compétition des fils de Bajazet.

Italie. Jean Galéas Visconti s'affermit dans le nord de l'Italie, malgré les efforts de plusieurs villes pour recouvrer leur liberté.

Milan accepte le protectorat de la France, qui lui envoie le maréchal Boucicaut.

Carmagnola donne aux Visconti Plaisance (1418), Bergame (1419), Crémone, Parme, Brescia (1420). Il soumet et gouverne Gênes (1421).

Puissance de Venise dans la Méditerranée.

Jean et Côme de Médicis, bienfaiteurs de la république florentine. — Rome est ensanglantée par la lutte des Ursins et des Colonna, papistes et antipapistes.

---

(1) Écosse (1406, 1437, 1479), France (1407, 1473), Angleterre, (1415, 1460, 1471, 1483), Hongrie (1457), Italie (1478, 1486, 1497, 1501, 1502), Rome (1495, 1500), Perse (1449).

1407. **France**. Le duc Jean-sans-peur fait assassiner Louis, duc d'Orléans, à Paris.

Il mourra, par représailles, sur le pont de Montereau (1419).

Les factions armées des Bourguignons et des Armagnacs désolent la France. Les bouchers de Paris sont pour les Bourguignons; les princes du sang, avec les Armagnacs, accepteront l'appui des Anglais (1440).

1410. **Prusse**. Les Lithuaniens sont vainqueurs des Chevaliers de l'ordre Teutonique.

1411. **Suisse**. Appenzell se coalise avec sept cantons pour résister à la tyrannie de l'abbé de St-Gall.

1415. **France**. Bataille d'Azincourt (Comté de St-Pol).

Henri V, victorieux, s'avance en Normandie, — prend Rouen (1419) Pontoise, — s'allie au duc de Bourgogne et à l'empereur; — est déclaré, par le traité de Troyes (1420), héritier de la couronne de France; se fait remettre le Louvre, la Bastille et Vincennes, — où il meurt (1422). — Défaite des Français et des Écossais leurs alliés à Verneuil (1424).

Dunois et La Hire défendent Montargis (1427). — Les Anglais assiègent Orléans, qui se défend vaillamment (1428). JEANNE D'ARC les force à lever le siége, et conduit à Reims, Charles VII. — Elle est prise au siége de Compiègne, et vendue aux Anglais, qui la brûlent à Rouen par sentence de l'Inquisition (1431). — Dunois et Richemond chassent les Anglais de Paris (1436). La famine y sévit de 1437 à 1439.

Charles VII organisera la milice féodale et l'infanterie nationale des Francs-archers (1444).

1438. **Allemagne.** Albert II, duc d'Autriche et roi de Hongrie, est élu empereur d'Allemagne à Francfort.

Il reçoit aussi la couronne de Bohême.

La maison d'Autriche gardera l'empire jusqu'en 1740.

Diète impériale de Nürenberg, pour la réforme de l'administration et la répression de la Sainte-Vehme.

France. Pragmatique sanction, décrétée à Bourges, pour la répression des abus canoniques.

Italie. René d'Anjou est reçu à Naples. — Alphonse d'Aragon l'en chassera (1442), et sera roi des Deux-Siciles.

1442. **Hongrie**. Jean Huniade, Woïvode de Transylvanie, défait les Turcs en Bulgarie.

Ladislas, roi de Pologne et de Hongrie, les attaque près de Varna;

il est vaincu et tué (1444). — Huniade est vaincu 1448, et meurt en 1456, après avoir fait lever à Mahomet II le siége de Belgrade (Servie). — Son fils, Mathias Corvin, élu roi de Hongrie (1458), chasse les Turcs de la haute Hongrie, reprend sur eux vingt-sept villes, dont Jayesa, capitale de la Bosnie (1463), délivre la Waïvodie de Moldavie et de Valachie (1467) ; — aidé du Pape et de l'empereur, il se fait proclamer roi de Bohême (1469) ; — puis, brouillé avec Frédéric III, il le chasse de Vienne (1483), et le contraint de lui céder la Basse Autriche (1487).

1447. **Albanie**. Scanderbeg (Georges Castriot) défend Croïa, sa capitale, contre Amurat II.

Ce sultan philosophe abdique deux fois en faveur de son fils Mahomet II, qui continue ses conquêtes.

1451. **Russie**. Les Tartares brûlent Moscou et emmènent les habitants en captivité.

1453. **Turquie**. Prise de Constantinople par Mahomet II.

Fin de l'empire Grec. — Les Turcs s'étendent en Thrace et en Macédoine. — Scanderbeg leur résiste en Albanie et en Dalmatie : il gagnera contre eux vingt-deux batailles. — Ils prennent la Morée (1458), Corinthe, Athènes, le petit empire de Trébizonde (1461), Négrepont (1470). — Ils échouent devant Scutari, que défend le Vénitien Mocenigo (1474).

Angleterre et **France**. La mort de Talbot, à la bataille de Castillon (Guyenne), met fin à la *guerre de cent ans*. Les Anglais n'ont plus en France que Calais.

1455. **Angleterre**. Guerre civile *des deux Roses* (York et Lancaster).

1461. **France**. Louis XI succède à son père Charles VII.

Astucieux et cruel, il étend et affermit le pouvoir royal en brisant la tyrannie féodale. Sa superstition excessive lui mérite le titre de *roi très-chrétien*, que ses successeurs garderont.

Mahomet II met fin à l'empire de Trébizonde, qui subsistait sous les Comnènes depuis 1204.

1472. **Russie**. Le czar Ivan Wasiliewitz fait un code des lois russes.

1474. **Espagne**. Isabelle, femme de Ferdinand d'Aragon, devient reine de Castille.

Leurs deux royaumes unis s'accroissent de la Navarre. Mais ils perdent le Roussillon, enlevé par Louis XI. — En même temps, le roi de France conclut une alliance offensive et défensive avec les huit cantons Suisses.

1476. **Suisse**. Le duc Charles le Téméraire est vaincu à Granson et à Morat.

Il est tué devant Nancy (1477). Son duché fait retour au roi de France.

1483. **Angleterre.** Les deux enfants d'Édouard IV sont assassinés par leur oncle Richard III, qui leur succède au trône.

1485. La dynastie d'York prend fin par la mort de Richard III à la bataille de Bosworth. Henri VII (Tudor) est couronné.

1486. **Portugal**. Barthélemy Diaz reconnaît le *cap des tempêtes* (cap de bonne-Espérance).

Ce cap sera doublé par Vasco de Gama (1498), qui reconnaîtra la côte orientale d'Afrique et la côte méridionale d'Asie jusqu'à l'Inde. Cette route nouvelle fait perdre à Venise et à Alexandrie leur suprématie commerciale.

1492. **Espagne**. Boabdil rend Grenade à Ferdinand et Isabelle.

Edit royal qui force les Juifs à se convertir ou à émigrer. Le Portugal imitera ce fanatisme (1496).

Christophe Colomb obtient, du roi d'Espagne, trois bâtiments, montés par 90 hommes pour naviguer à l'ouest : il découvre les îles Lucayes, Cuba, Haïti ; — dans un deuxième voyage, les Antilles (1493). — La faveur avec laquelle il est reçu en Portugal à son retour excite la jalousie de la cour d'Espagne. — Elle enverra, avec une flotte, le Florentin Américo Vespucci, qui découvrira le Nouveau Continent (1497). — Colomb, à la suite de son troisième voyage, est ramené en Espagne chargé de fers (1500). — La même année, le Portugais Alvarès Cabral, qui se dirigeait vers le sud de l'Afrique, est porté par les vents jusqu'au Brésil. Un autre portugais Corte-réal, reconnaît Terre-Neuve, le bassin du Saint-Laurent, la terre du Labrador.

Rome. Avénement d'Alexandre VI, Borgia, « l'opprobre de l'église. » (Dreyss)

1494. **Italie**. Vaine expédition de Charles VIII.

Pour une conquête stérile et passagère, il a consenti à perdre le Roussillon, la Cerdagne, l'Artois, la Franche-Comté. Tout le continent se ligue pour le forcer à abandonner Naples; sa victoire à Fornoue sur les confédérés lui donne le moyen de rentrer en France.

Florence. L'exil passager des Médicis permet au moine Jérôme Savonarole d'instituer un gouvernement démocratique. Pendant trois ans, ce réformateur courageux, mais trop entier dans ses convictions, gouverne Florence par la seule autorité de sa parole. En 1498, il perdra sa popularité, et sera brûlé par le pape Alexandre VI, dont il avait justement flétri les débauches.

1498. **France**. Louis XII (duc d'Orléans) répudie la fille de Louis XI pour épouser Anne de Bretagne.

Il allège les impôts et sera appelé pour cela père du peuple. — Avec des Suisses auxiliaires, il conquiert le Milanais en vingt jours (1499). — Gênes et Mantoue se mettent sous sa domination.

Arts, sciences. Le XVe siècle est signalé par deux ordres importants de découvertes qui assurent la prépondérance définitive de la race blanche européenne sur toutes les autres races humaines. Ce sont : 1° les découvertes géographiques des Diaz, des Vasco de Gama, des Colomb, des Cabral, des Corte-réal; 2° l'invention de la typographie par Guttemberg, citoyen de Strasbourg, Fust de Mayence et Schœffer : cet art précieux, destiné à effacer la distinction des classes entre les hommes, se répandit avec une rapidité égale à son importance ; créé vers 1450, il est pratiqué, avant la fin du siècle, dans 200 villes de l'Europe. — Le nombre des écrits théologiques est immense ; mais ils méritent tous l'oubli où ils sont tombés ; et de tant d'auteurs, un seul nom survit : celui du chancelier Gerson. — L'horizon des sciences est encore bien étroit, quand Pic de la Mirandole s'offre à un examen *de omni re scibili*. — La littérature italienne est cultivée par l'Arétin, le Pogge, Guarini : elle produit des poésies fantasques, des sonnets, des satires. — La France a les poësies de Charles d'Orléans, d'Alain Chartier, de Villon, les chroniques de Monstrelet, Jean Juvénal des Ursins, Olivier de la Marche, Philippe de Commine, véritable et profond historien. — Le théâtre ne donne encore que les scènes burlesques des *mystères*, les *sotties*; et pourtant la farce de *Patelin* a mérité d'être conservée.

Les beaux arts, encouragés par les Médicis bienfaisants, jettent un grand éclat en Italie, par les peintres Bramante, Léonard de Vinci, le Perugin, que surpassera son élève Raphaël, l'architecte Brunelleschi, Michel-Ange architecte, peintre et sculpteur. L'Allemagne a Albert Dürer. — Finiguerra, orfèvre de Florence, crée la gravure en taille douce (1450).

Le persan Ulugh-Begh dresse un catalogue des étoiles fixes et un tableau chronologique de l'histoire du monde.

Louis XI fait venir de Venise, de Gênes et de Florence, des ouvriers qui établissent à Tours les premières manufactures de soieries. — En 1480, il institue les postes pour le service royal.

L'art de l'économie publique fait un progrès par la constitution de la *banque* Vénitienne *de Saint-Georges* (1407).

XVIe siecle.

Le réveil de l'esprit humain en Europe date, à proprement parler, de ce siecle. La cour papale et les évêques abusaient monstrueusement du pouvoir que les peuples et les rois leur avaient laissé prendre : l'excès du mal en amena le remède. Des penseurs hardis, appuyés sur un petit nombre de souverains, bravèrent les plus extrêmes dangers pour protester contre les pratiques catholiques et contre les croyances sur lesquelles se fondait le prestige du clergé. Les nations se partagèrent entre les *protestants* et les partisans du pouvoir pontifical. La nouvelle foi s'étendit à toute la partie nord de l'Allemagne, aux trois états Scandinaves, y compris l'Islande, à l'Angleterre, à l'Ecosse, aux Pays-bas. Elle ne fit en France que quelques milliers de prosélytes.

Cette révolution immense, à laquelle était attaché le progrès de l'Humanité, donna lieu à des résistances intéressées, à des luttes sanglantes, à des exécutions atroces.

Les pontifes fulminèrent tous leurs anathèmes : (Jeanne d'Albret, reine de Navarre, 1563 ; Elisabeth, reine d'Angleterre, 1570 ; Henri de Navarre, 1585, 1590). Mais, comme les bulles d'interdiction et d'excommunication n'épouvantaient plus, ils employèrent, avec l'aide des souverains, des armes plus efficaces, — la torture et la hache, le sabre, la corde et le bûcher : (Jules II, 1511 ; Léon X, 1516 ; François Ier, 1535 ; supplice de Jean de Leyde, 1536 ; Ecosse, 1539, 1546 ; Vaudois, 1545 ; Charles V et Paul III, 1540, 1547 ; Henri II, 1549 ; Marie Tudor, 1553-55 ; Constance, 1558 ; Philippe II, 1559, 1560 ; l'Edit d'Ecouen 1559 ; le massacre de Vassy, 1562 ; le *conseil de sang* (Bruxelles), 1568 ; Bruno à Rome, 1600).

Les souverains temporels, tantôt ennemis, tantôt complices des papes, continuent, avec eux ou contre eux, à se disputer les peuples, comme si les groupes humains étaient des troupeaux, dont la propriété pût se fonder et se transmettre, soit par *droit de prise* ou de conquête, soit par *droit* de naissance ou d'héritage. Pourtant la barbarie des mœurs s'adoucit peu à peu dans l'Europe occidentale. Elle subsista plus longtemps à l'orient, chez les mahométans, dont les princes gardaient l'usage d'assassiner leurs parents (Amurath, 1574 ; Mahomet III, 1595) et de crever les yeux aux concurrents qu'ils redoutaient (1510, 1511).

La rénovation, soit politique, soit intellectuelle, est encore bien incomplète en ce siècle et aux siècles suivants. Son progrès est lent, mais continu. L'élan est donné ; le mouvement, loin de s'affaiblir, se fortifie : parti des classes qui s'imposaient comme dirigeantes, il se propage dans les masses émancipées ; tout fait espérer qu'il ne s'arrêtera pas avant que l'Humanité soit en pleine possession d'elle-même, qu'elle ait entièrement rompu les liens tyranniques formés par l'ignorance et les superstitions, non moins que par la force militaire, et avant que les nations aient senti la douceur de vivre paisibles, confédérées, sous la seule dépendance des lois naturelles et sociales

L'Europe continue ses découvertes et ses prises de possession dans le Nouveau-Monde.

Le mogol Akbar règne à Dehly pendant toute la seconde moitié du siècle, protégeant l'industrie et l'agriculture.

1501. **Allemagne**. Institution du *Conseil aulique*, pour les états héréditaires de l'Empereur.

1502. **Italie**. Cruautés, rapines et débauches de César Borgia et de Lucrèce sa sœur.

1503. Défaite des Français près du Garigliano.

Ferdinand d'Aragon s'empare des royaumes de Naples et de Sicile. — Il en reçoit l'investiture du pape. — Il enlève la Navarre à Jean d'Albret (1512). — Sa mort (1516) laisse ses couronnes à son petit-fils Charles-Quint.

L'ordre teutonique, après plusieurs victoires, impose le traité de Pleskof.

1508. **Ligue de Cambrai**, entre le pape, l'empereur et le roi de France contre Venise.

1509. La république, vaincue à Agnadel par Louis XII, est sauvée par la fidélité de ses sujets de terre-ferme. — Elle s'allie contre lui avec l'Espagne, l'Allemagne et l'Angleterre : il rentre en France, dépouillé de ses conquêtes.

Le cardinal Ximenès s'empare d'Oran.

1510. La reine de Cypre, Catherine Cornaro, lègue son royaume à la république de Venise.

Perse. Schah-Ismael Sophi enlève Bagdad, aux partisans du *Mouton Blanc*.

1511. Il substitue sa dynastie à celle de Tamerlan dans le Khusistan et le Khorasan.

Les Portugais s'établissent à Goa, à Malacca, conquêtes d'Albuquerque et sources du riche commerce des épiceries. — Ils pousseront jusqu'à la Chine, qui avait alors 244 grandes villes et 15 royaumes. Ils seront admis avec peine à Macao (1517).

1512. **France**. Exploits et mort brillante de Gaston de Foix.

1515. Avénement de François 1er.

Sa victoire sur les Suisses à Marignan. Concordat avec Léon X. — Paix avec les cantons Suisses (1516). Elle ne sera plus rompue.

Italie. Le concile de Latran approuve les monts-de-piété. — Le pape fait argent avec les indulgences.

1516. **Prusse**. Brillant professorat de Martin Luther à l'université de Wittemberg.

Il s'élève avec force contre la bulle pontificale qui autorise la vente des indulgences (1519).

Suisse. Réforme religieuse prêchée par Zwingle, curé de Zurich.

Syrie. Victoire de Sélim Ier sur le sultan des Mameluks, près d'Alep. — Bataille près du Caire ; 30 mille Mameluks égorgés.

1517. L'**Égypte** et la **Syrie** deviennent provinces ottomanes.

1519. **Allemagne**. Charles d'Autriche, François Ier et Henri VIII briguent l'empire. Charles V est élu.

Il gagne le ministre cardinal Wolsey. — La guerre commence dans les Pays-bas (1521). — François défend la Champagne envahie par les impériaux. Mézières est sauvée par le chevalier Bayard. — Lesparre est défait en Navarre. — Léon X s'allie aux Allemands et annexe Parme et Plaisance à ses états. — L'amiral Bonnivet prend Fontarabie, puis il commande malheureusement l'armée d'Italie. — La Trémouille est plus habile contre les Anglais en Picardie (1523).

1521. **Turquie**. Soliman II entre en Hongrie. Il prend Belgrade. Il envahit la Croatie. — Il chasse de Rhodes les *hospitaliers*, malgré l'héroïsme du grand maître Villiers de l'Isle-Adam. Ils deviendront chevaliers de Malte, par la cession de cette île, qu'ils obtiendront de Charles V (1530), avec la ville de Tripoli (1530).

Soliman prendra aux Perses Tauris et Bagdad. Barberousse, son amiral, chassera Muley Hassan de Tunis ; il établira sur la côte d'Afrique une colonie militaire de Turcs (1534) et soumettra l'Yémen (1538).

1523. **Suède**. Gustave Wasa, élu roi, prend Stockholm.

Il confisque les biens du clergé, — chasse les évêques de leurs châteaux forts (1527).

France. Trahison du connétable Bourbon-Montpensier. — Il sera tué à l'assaut de Rome, qui sera mise à sac par ses soldats (1527).

Italie. Exaltation de Julien de Médicis.

1525. François Ier est vaincu et pris à Pavie.

Par le traité de Madrid (1526), il est échangé contre ses deux fils, et il cède le duché de Bourgogne (qui lui reviendra par la *paix des dames*). — Ligue de Cognac avec le pape, Venise, Florence, la Suisse, l'Angleterre, pour la *liberté de l'Italie* (1526).

Danemark. Frédéric Ier proclame la liberté de conscience et se fait luthérien. — Les États danois autorisent le mariage des prêtres (1527).

Allemagne. Les Anabaptistes revendiquent l'égalité sociale. Ils s'empareront de Munster (1533). Un prince de Furstemberg massacre par milliers les paysans de Franconie, luthériens.

1528. **Gênes**. André DORIA expulse les Français, et rend la liberté à sa patrie.

1530. **Portugal**. Tremblement de terre, qui détruit Lisbonne et plusieurs autres villes.

1533. **Amérique**. Pizarre conquiert le Pérou, pour l'Espagne.

1535. **Espagne**. Loyola institue la société des jésuites.

France. François Ier fait supplicier des protestants sous ses yeux.

1543. **Angleterre**. Henri VIII, chef suprême de la religion anglicane, épouse en sixième noce Catherine Varr.

Il s'allie avec l'empereur Charles V contre la France. Il entre dans le Boulonnais, pendant que l'empereur envahit la Champagne. — Traité de Crespy avec l'empereur (1544); — d'Ardres avec le roi Anglais (1546).

Les Ottomans ravagent l'Autriche, la Silésie, la Moravie.

1545. **Italie**. Le pape Paul III, Farnèse, donne les duchés de Parme et de Plaisance à son fils naturel.

Russie. Ivan IV prend le titre de Czar (tzar), que l'on donnait quelquefois à son père. Il prépare une réforme de la législation.

1547. **Allemagne**. Charles V détruit la ligue de Smalkalda, et persécute violemment les protestants.

1553. **Angleterre**. Marie Tudor s'efforce, par le sang et par le feu, de rétablir le catholicisme.

Elle devient la digne épouse de Philippe II (1554).

Charles-Quint abdique (1556), en partageant ses états entre son fils et son frère. — Ferdinand Ier, empereur, se passe de la confirmation du pape : ses successeurs feront comme lui.

Bataille de Saint-Quentin, gagnée par Emmanuel-Philibert de Savoie, qui commande les Espagnols contre le connétable de Montmorency (1557).

1558. ÉLISABETH, fille d'Anne de Boleyn, succède à Marie.

Le parlement la nomme chef suprême de l'église anglicane.

Le duc de Guise prend Calais, dernière possession des Anglais en France. Marie Stuart épouse le dauphin.

Paix de Cateau-Cambrésis (1559). Retour définitif de Philippe II en Espagne. L'Inquisition donne en sa présence de nombreux auto-da-fé.

La guerre de religion commence en France par le massacre de Vassy, Champagne, (1562). — Le chancelier de l'Hospital luttera en vain pour la tolérance.

1564. **France**. Charles IX fixe, par un édit, le commencement de l'année au premier janvier, au lieu de la veille de Pâques.

1568. **Espagne**. Philippe II livre à l'Inquisition son fils, l'infant don Carlos.

Le *tribunal des troubles*, établi à Bruxelles par le duc d'Albe, condamne et fait exécuter les comtes d'Egmont et de Horn.

1571. **Livadie**. Bataille de Lépante, où don Juan d'Autriche détruit la flotte des Turcs.

1572. **Paris**. Nuit de la Saint-Barthélemy (24 août). 60000 protestants égorgés dans les provinces.

Ceux qui échappent au massacre se révoltent à Sancerre, Montauban, La Rochelle. — La *sainte ligue* catholique (1576) : Henri de Guise, le balafré. Débauches et profusions de la cour.

Pologne. Mort de Sigismond II, dernier Jagellon. Dorénavant la diète disposera du trône.

1579. **Pays-Bas**. République des *Provinces-unies* (sept provinces Bataves) : Guillaume de Nassau, prince d'Orange, Stathouder.

Pologne. Prédications de SOCIN. Il est persécuté par les catholiques et les protestants.

France. Ordonnance de Blois, pour une réforme judiciaire, civile et ecclésiastique.

1580. **Portugal**. Philippe II s'en empare grâce à son lieutenant le duc d'Albe, vainqueur à Alcantara.

1582. **Europe**. Grégoire XIII promulgue la rectification du calendrier.

Russie. Le sanguinaire Ivan IV assassine son fils. — Il admet des réformes législatives et de nouveaux arts.

1585. **Perse**. Schah Abas commence un règne de 45 ans par reprendre le Koraçan aux Usbeks.

Il refoule les Turcs et les Tartares.

1587. **France**. Le roi de Navarre, Henri IV, défait le duc de Joyeuse à Coutras.

Devenu roi de France par la mort de Henri III (1589), il défait Mayenne à Arques, — puis à Ivry (1590), — enfin à Fontaine-Française (1595).

1587. **Angleterre**. Exécution de l'infortunée Marie Stuart, reine d'Écosse.

1588. La grande flotte (Armada) de Philippe II est détruite à l'entrée de la Tamise.

Élisabeth excommunie le pape Sixte-Quint.

1593. **Croatie**. Montecuculli défait le pacha de Bosnie à Sissek.

1598. **France**. Edit de Nantes accordé aux protestants.

Traité de Vervins.

Espagne. Philippe III est gouverné par le duc de Lerme.

1600. **Pays-bas**. Le stathouder Maurice bat le gouverneur Albert d'Autriche à Nieuport.

Les Hollandais enlèvent aux Portugais les petites Moluques.

Arts, sciences. Les beaux arts produisent les chefs-d'œuvre immortels de la *Renaissance* : le Bramante et Raphaël, Michel-Ange, le Corrège, Jules Romain, les Carraches, jettent sur l'Italie plus d'éclat et de vraie gloire que n'ont pu lui en donner toutes les conquêtes des Romains. Le graveur Raimundi vient après ces grands noms. Vignole écrit son *traité de perspective*. Les Médicis, ces illustres marchands florentins, ont mérité par leur protection généreuse envers les artistes et les savants que le nom de leur famille reste attaché à ce siecle, — que pourtant les Italiens ne désignent le plus souvent que par son chiffre, *il seicenta*. D'autres excellents artistes italiens, André del Sarte, Primatice, Benvenuto Cellini, sont attirés en France par les faveurs de François Ier. Pierre Lescot lui donne les dessins pour la reconstruction du Louvre. Philibert de Lorme donne à Charles IX ceux du palais des *Tuileries*. Bernard Palissy fabrique ses belles poteries. — Le grand peintre de Bâle, Jean Holbein, vit à Londres sous la protection du chancelier Thomas Morus.

La langue italienne, fixée pour plusieurs siecles, produit le troisième et le quatrième de ses grands poëtes, l'Arioste (*Orlando furioso*) et le Tasse (*Gerusalemme liberata*); — le subtil diplomate Machiavelli, et l'historien Guicciardini, comparable aux anciens. La langue française s'élabore sous l'inspiration des poëtes Marot, Ronsard, Baïf, Régnier et Malherbe, — des excellents philosophes, Rabelais (*Gargantua et Pantagruel*), Montaigne (*Essais*), la Boëtie (*De la servitude volontaire*), de l'évêque Amyot, traducteur de Plutarque et de divers romans grecs, — et du réformateur Calvin. Erasme et de Thou écrivent en latin. Mariana compose aussi en latin l'*histoire d'Espagne* et il la traduit en Espagnol. Cervantès publie son admirable *Don Quichotte*. Luther donne du lustre à la langue allemande. — Le Camoëns inaugure la poésie portugaise par une épopée grandiose (*Os Lusiadas*). Tandis que le théâtre français n'a eu encore que la *Cléopâtre* de Jodelle, Shakspeare donne à la scène anglaise ses grands drames, où il représente les mœurs féroces des despotes du moyen âge, avec des traits sublimes, quelquefois mêlés de grotesque.

A Rome, Pie IV appelle le fils d'Alde Manuce à la direction d'une imprimerie pour reproduire les monuments des langues de l'Orient.

En France, les Estienne s'illustrent par l'anatomie et la médecine, et par la typographie; Cujas et Pithou, par leurs travaux sur le droit; et le chancelier Poyet, par l'ordonnance royale de Villers-Cotterets (1539), qui généralise devant les tribunaux l'usage de la langue française, limite la juridiction ecclésiastique et crée les registres de baptêmes, matériaux précieux pour la démographie. — François Ier institue deux chaires (Hébreu et Grec) au collége de France, et l'imprimerie nationale. La crédulité commune donne de la vogue aux *Almanachs* prophétisants de Nostradamus. Copernic donne (1543) une explication du *système solaire* : elle sera adoptée par tous les astronomes de préférence à celles de Ptolémée et de Tycho-Brahé. — Le belge Mercator publie la première carte hydrographique (projection rectangulaire).

XVIIe siecle.

Les commencements de ce siecle sont signalés par de terribles fléaux atmosphériques qui frappent plusieurs nations de l'Europe. Une inondation considérable a lieu en Angleterre en 1607 ; une autre, en 1625, submerge plusieurs villes d'Espagne ; une antre en Hollande, en 1606. En 1608, *grand hiver* : l'extrême rigueur du froid change les fleuves en routes solides, détruit les vignes et les noyers. En 1611, la peste enlève 200000 habitants à Constantinople ; en 1612, les tempêtes sur les côtes d'Angleterre, de France et de Hollande, font périr plusieurs milliers de marins. Les grands incendies sont fréquents et détruisent des centaines de maisons, à Constantinople (1606), à Osnabruck, à Gnesne (Pologne), à Magdebourg (1603), à Londres (1666). En 1631 et 1632, a lieu une des plus considérables éruptions du Vésuve.

Tous ces maux frappent cruellement les peuples ; mais ils sont intermittents et peuvent paraître inévitables, quoiqu'ils dépendent jusqu'à un certain degré de l'art administratif. Ceux que leur causent les débats sanglants des souverains régnent pendant toute la durée du siecle ; et ces débats, sans utilité pour les nations, n'ont pour objet que les prétendus droits d'hérédité, directe ou collatérale, et les calculs ambitieux. Cependant la guerre se civilise ; elle fait des progrès comme art : les troupes armées ne sont plus des hordes absolument dévastatrices ; ellés sont disciplinées et payées : les combats sont précédés et suivis de négociations, qui constituent l'art de la politique et de la diplomatie, et qui rendent célébres les noms des Richelieu et des Mazarin.

De vrais grands hommes perfectionnent les lois (1667, 1670).

Mais, si la barbarie s'adoucit à certain degré dans les affaires civiles, elle garde toute son horreur dans les affaires religieuses. Un million de Maures sont expulsés d'Espagne (1609) ; les Juifs sont expulsés de France par lettres patentes de Louis XIII (1615). Chassées d'Angleterre à force de persécutions, les familles non conformistes se réfugient en Hollande (1618). En Irlande, les catholiques massacrent les protestants (1641). Jean Huss et Jérôme de Prague, condamnés par les évêques réunis à Constance, subissent le supplice du feu (1615-1616). En France, la marquise d'Ancre (1617), le curé Grandier (1634), sont brûlés comme sorciers, et le philosophe Vanini comme athée (1619). La révocation de l'Edit de Nantes (1685) et les *dragonnades*, déshonorent le règne de Louis XIV.

Les assassinats aussi continuent entre les princes (1617, 19, 33, 58).

1602. **Écosse**. Jacques VI (fils de Marie Stuart) soumet les nobles aux tribunaux.

Partisan du culte anglican, il devient *roi de la Grande-Bretagne*, à la mort d'Elisabeth (1603). — Il punit la *conspiration des poudres* et chasse les Jésuites.

France. Le maréchal de Biron, conspirateur, est condamné à mort. Son supplice est chanté par le peuple.

Les Français prennent possession du Canada (1606). Québec fondée (1608).

1609. **Espagne**. Expulsion des Maures par édit royal.

Gouvernement théocratique des jésuites au Paraguai.

1610. **France**. Henri IV est assassiné par Ravaillac.

Louis XIII, enfant, sous la régence de sa mère, Marie de Médicis. Faveur de Concini, maréchal d'Ancre et de sa femme Galigaï. Retraite du grand ministre Sully. — Assemblée des Etats généraux à Paris (1614). Il n'y en aura plus jusqu'en 1789. — La France s'agrandit par l'annexion du Béarn (1607), de la Navarre (1620). Etablissement au Sénégal et à la Guyane (1626).

L'évêque de Luçon, cardinal de Richelieu, devenu ministre par la faveur de la reine mère, affermit l'autorité du roi par ses rigueurs inflexibles contre les protestants et les grands seigneurs (1624-1642) : sont exécutés, Chalais, Maréchal d'Ornano, de Marillac, de Montmorency, Cinq-Mars et De Thou.

Lettres patentes du roi qui expulsent les Juifs (1615).

1611. **Suède**. Gustave-Adolphe succède à son père Charles IX.

Il poursuit avec succès la guerre contre les Danois, les Moscovites et les Polonais.

1613. **Russie**. Michel Romanow, enfant, est choisi pour grand-duc (tzar) par les grands.

Sa maison régnera cent cinquante ans.

1622. **Turquie**. Le sultan Othman II est déposé par les janissaires et étranglé au château des sept-tours.

1630. **Suède** et **Allemagne**. GUSTAVE-ADOLPHE entre en Allemagne.

Il défend les protestants contre l'empereur. — Il s'allie avec Richelieu (1631). Il bat à Leipzig les impériaux commandés par Tilly, soumet la Poméranie, la Basse-Saxe, la Franconie, la Bavière, le Palatinat, l'électorat de Mayence. Il gagne encore la bataille de Lutzen contre Walstein (1632), et meurt dans son triomphe. — Les Etats donnent le trône à sa fille Christine, — qui régnera plus pacifiquement.

Lombardie. Le sénat de Milan érige la *Colonne infâme*, pour perpétuer la mémoire des supplices qu'il a infligés à de prétendus propagateurs de la peste. — L'épidémie avait fait deux ans auparavant (1628) 60000 victimes.

1637. **Écosse**. Le *Covenant*, union des défenseurs de la liberté religieuse et politique.

Nord-Amérique. Les querelles de culte font naître les colonies de la Nouvelle-Angleterre.

Ukraine. Les Cosaques donnent retraite aux paysans Polonais, accablés d'impôts et de corvées par les seigneurs.

Les Turcs enlèvent Bagdad aux Persans (1638)

1639. **Hollande**. Bataille des Dunes. L'amiral Tromp est deux fois vainqueur des flottes espagnoles.

1640. **Portugal**. Jean IV, duc de Bragance, se fait proclamer roi.

L'année suivante, les Cortès déclarent sa royauté héréditaire. Les Hollandais s'emparent des Comptoirs de Malacca.

1642. **France**. Annexion du Roussillon.

Lorraine. Le duc Charles est excommunié pour crime de bigamie.

1643. **France**. Avénement de Louis XIV, âgé de cinq ans.

L'infanterie espagnole est vaincue à Rocroy par le duc d'Enghien.

Le maréchal de Turenne et le grand Condé gagnent des batailles sur les Impériaux: Fribourg en Brisgau (1644); — Nordlingen (1645), où Mercy est tué. — D'Enghien prend Thionville (1643), — Dunkerque (1646), Lens (1648).

Chine, entièrement soumise par les Tartares-Mantchoux : dynastie des Tsim (qui règne encore).

1647. **Naples**. Le pêcheur Thomas Aniello (Masaniello) gouverne cinq jours et meurt assassiné.

1648. **Westphalie**. Traité de Munster.

Fin de la guerre de 30 ans. — Les Provinces Unies (des Pays-bas), la Suisse, les Grisons, sont reconnus comme États souverains. — Organisation de la diète germanique. Les trois cultes, catholique, luthérien, calviniste sont admis dans l'empire avec égalité de droit. La France garde l'Alsace sauf Strasbourg.

1643. **Nord-Amérique**. Les colonies de Massachusetts, Plymouth, New Haven et du Connecticut se donnent des lois indépendantes et forment une ligue sous le nom de « Colonies unies de la nouvelle Angleterre ».

1649. **Angleterre**. Charles Ier au nom du peuple est décapité.

Cromwell, généralissime, fait proclamer la république.
Il refuse le titre de roi, que lui offre son parlement.

Turquie. Ibrahim est déposé et étranglé.

1652. **Espagne**. Don Juan d'Autriche soumet les Catalans.

Il défait les Français devant Girone. — Il sera vaincu en Portugal par Schomberg (1663).

1654. **Brésil**. Les Portugais en chassent les Hollandais.

Suède. Christine abdique, pour se livrer à l'étude et à la dévotion, et assassine son écuyer Monaldeschi à Fontainebleau (1657).

La **Jamaïque** est enlevée aux Espagnols par les Anglais (1655). Ils y importeront la canne à sucre (1660).

Ceylan. Les Hollandais s'y établissent (1657).

Indoustan. Aureng-Zeb emprisonne son père et assassine ses frères. — Il est couronné empereur (Grand-Mogol) à Dehly (1658). Ses conquêtes, ses cruautés, son habile gouvernement.

1659. **Espagne** et **France**. Paix des Pyrénées conclue par Mazarin et don Louis de Haro.

Le traité est signé dans l'île des Faisans. L'infante Marie-Thérèse est accordée à Louis XIV. La France garde la Flandre, l'Artois, le Roussillon, la Cerdagne.

Russie. Le czar de Moscou, Alexis Romanoff, faux monnayeur.

Il étouffe dans le sang les nombreuses séditions excitées par cette fraude criminelle et par la hausse des denrées qui en est la suite (1665).

1661. **Danemark**. Frédéric III est déclaré souverain absolu par le clergé et les bourgeois.

1667. **Pays-Bas**, **France**, **Angleterre** et **Danemark**. Paix de Bréda.

Ordonnance civile de Louis XIV. — L'*Ordonnance criminelle* sera publiée en 1670; l'Ordonnance commerciale en 1673, et en 1681 il en sera édicté une dernière pour la marine.

Portugal. Alphonse V (de Bragance) est déposé. Pedro II, son frère, lui prend sa couronne et sa femme.

1669. **Turquie**. Le visir Achmet Kouprili prend Candie, après un siége de 29 années.

1672. **Hollande**, envahie par Louis XIV avec Condé, Turenne, Luxembourg et le ministre Louvois.

Passage du Rhin. — La défense nationale est confiée à Guillaume d'Orange.

1674. **France**. Louis XIV conquiert la Franche-Comté.

Turenne se signale dans les états rhénans de l'électeur de Brandebourg et de l'électeur Palatin, en Lorraine, et en Alsace.

Le Palatinat est incendié.

Pologne. Le grand maréchal Sobieski est élu roi. — Il vexe les chevaliers teutoniques et le duc de Lorraine, et sauvera Vienne de l'invasion des Turcs.

1678. **Hollande** et **France**. Paix de Nimègue.

Angleterre. Le parlement obtient l'acceptation du bill d'*Habeas corpus* (1679). — Partis patriotiques : les *tories* dévoués à la royauté ; les *whigs*, aux principes constitutionnels.

France. Traité de St-Germain en Laye : par la médiation de la France, la Suède recouvre ses possessions en Poméranie.

Les Français envoient une colonie canadienne à la Louisiane (1680). Ils s'établissent à Pondichéry.

Duquesne poursuit les Corsaires de Tripoli jusque dans le port de Chio ; il bombarde Alger, repaire de pirates (1681 et 1683).

Nord-Amérique. Penn, chef des quakers de Pensylvanie, y établit la liberté de conscience et de culte.

1682. **Suède**. La diète de Stockolm donne au roi un pouvoir absolu.

Charles XI tyran et faux-monnayeur.

1682. **France**. Déclaration du clergé de France sur l'indépendance des rois et les libertés de l'église gallicane.

1685. Louis XIV révoque l'édit de Nantes.

Il avait preludé à cet acte d'une tyrannie impolitique et cruelle par les *dragonnades* (massacre des protestants dans le Béarn et dans les Cévennes).

Des milliers de familles protestantes françaises se réfugient dans les différents états de l'électeur-duc de Prusse, et y font fleurir l'industrie.

Rome. Le prêtre Molinos, quiétiste, est poursuivi par l'Inquisition. Il meurt en prison : le pape n'a brûlé que ses livres.

1686. **Ligue d'Augsbourg**, formée contre Louis XIV par le stathouder, la Suède, l'Espagne, les électeurs de Saxe et de Bavière, et les cercles de Souabe et de Franconie.

Venise. Cornaro purge la côte Dalmate des pirateries des Uscoques.

1688. **Angleterre**. Guillaume d'Orange entre à Londres sans coup férir.

Jacques II abandonne son trône au stathouder son gendre, et se réfugie en France. La convention anglaise fait accepter le *bill des droits*, qui fonde le régime constitutionnel.

Louis XIV déclare la guerre à l'Angleterre. Les Anglo-Américains s'emparent de l'Acadie.

1689. **Hongrie**. Les états de Presbourg déclarent la couronne héréditaire dans la Maison d'Autriche.

La Transilvanie y est jointe (1689).

1690. **France**. Victoire de Catinat à Staffarda, — du maréchal de Luxembourg à Fleurus, de l'amiral Tourville près de Dieppe (1690); — de Jean-Bart près du Texel (1694) — de Duguay Trouin (1697).

Russie. Les czars PIERRE Ier et Ivan règlent leurs confins avec l'empire de Chine par le traité de Nipchou (Tatarie orientale).

Pierre voudra s'instruire par lui-même pour civiliser sa nation. Il se fera charpentier en Hollande, marin en Angleterre; il visitera l'Allemagne et la France.

1697. **Allemagne**. Victoire du prince Eugène (de Savoie) sur les Turcs, à Zenta (Hongrie).

Suède. A Charles XI, succède son fils Charles XII. Ses exploits en Danemark, — en Livonie, — à Narva (Ingrie), (1700).

PAIX DE RYSWICK, entre la France et la ligue d'Augsbourg.

1699. TRAITÉ DE CARLOWITZ, qui délimite l'empire des Turcs vis à vis l'Allemagne, la Pologne, Venise et la Russie.

1700. **Espagne**. Charles II institue le duc d'Anjou (Philippe V) héritier de la monarchie espagnole.

Louis XIV accepte le testament, fait en violation des traités. — Guerre de la succession d'Espagne.

Arts, sciences. L'esprit humain a secoué les chaînes que d'innombrables tyrannies, hautes et basses, faisaient peser sur lui, et, sans en être encore débarrassé, il prend un élan qui fait du dix-septième siècle l'époque la plus brillante de l'Humanité moderne. Tous les arts de l'imagination jettent le plus vif éclat, et produisent des chefs-d'œuvre admirables. Les arts de l'esprit ne restent pas sans culture : la philosophie, se débarrassant de l'étreinte stérile de la théologie, montre des routes nouvelles aux sciences, qui n'en profitent pas encore beaucoup : mais la méthode libre est trouvée, l'observation est proclamée comme le premier et le plus indispensable des instruments scientifiques ; elle conduira à multiplier les expériences ; et, dès le siècle suivant, les sciences renouvelées, indéfiniment agrandies, féconderont tous les arts dont dépend le perfectionnement de la société et le bien être de tous les hommes.

Glorifions avec reconnaissance les hommes dont les études et les productions ont le plus contribué à tant de précieux progrès, qui doivent orner, éclairer, fortifier, enrichir l'Humanité entière.

Arts et sciences. PEINTRES. En Italie : Le Guide, le Dominicain, l'Albani, le Guerchin, Volterre, Salvator Rosa, le Bolognèse. — En France : Vouet, Lesueur, le Poussin, Boullongne, Philippe de Champaigne, le Lorrain (*paysages*), Lebrun, Mignard, les Coypel. — Dans les Pays-Bas : Rubens, les deux Téniers (*fêtes flamandes*), Van Dyck (*portraits*), Breughel, Wouvermans, Rembrandt, Jordaens, Gérard Dow, Ruysdaël (*paysages*), Berghem (*id.*), Van der Meulen (*paysage historique*). — En Espagne : L'Espagnolet, Velasquez, Zurbaran, Murillo.

ARCHITECTES. En France : Mansart (*palais de Versailles*), Bernini (appelé d'Italie), le médecin C. Perrault (*colonnade du Louvre*), Lepautre. Le parc de Versailles est dessiné et planté par Lenostre et l'horticulteur La Quintinie.

SCULPTEURS, STATUAIRES : en France : Puget, Coysevox,

Girardon, Coustou. — GRAVEURS : Callot, Tardieu, Nanteuil, Audran, Edelinck, Lepautre fils. — Félibien, et l'abbé Dubos après lui, écrivent sur l'esthétique. — TYPOGRAPHES : les Elzévir à Leyde, Cramoisy à Paris. — INGÉNIEUR MILITAIRE : Vauban fortifie un grand nombre de nos places militaires. Philanthrope éclairé, il fait des recherches excellentes sur l'état de la population française (*la Dîme royale*, etc.).

POÈTES. En Italie : Marini (l'*Adone*), Tassoni (*Secchia rapita*), Guidi. — En Espagne, deux auteurs dramatiques extrêmement féconds : Lopez de Vega, et Calderon. — En France, maître Adam Billaut, menuisier de Nevers, n'est pas indigne des faveurs de Richelieu ; Rotrou (*tragédies*), Scarron (*Virgile travesti*), Racan (*Bergeries*), Benserade. — Puis des poètes de premier ordre : Molière (*comédies*), Pierre Corneille (*tragédies*), La Fontaine (*Fables*), Boileau-Despréaux (*Epîtres, Satires, Art poétique, Lutrin*), Racine (*tragédies*). — Quinault écrit les opéras dont le Florentin Lulli compose la musique ; Mme Deshoulières, Thomas Corneille (*comédies*), Segrais, Bernard de la Monnoye (*Duel aboli*), Boursault, sont des poètes estimables. Enfin Régnard (*le Joueur, le Distrait*), Brueys (*le Grondeur*), Chaulieu et La Fare, poètes libres et faciles, terminent dignement le siècle de Louis XIV.

En Angleterre, B. Johnson, Thomson (*Saisons*), Cowley, Milton (*Paradis perdu*), Otway, Dryden.

PROSATEURS. — D'Urfé (l'*Astrée*), Voiture (*Lettres*), Balzac (*id.*). L'Anglais Hamilton écrit en un français très-élégant les *Mémoires de Gramont*, Chapelle (*Voyage de Bachaumont*), Mlle de Scudéry (*Romans*), Mme de Motteville (*Mémoires*), Mme de Lafayette (*La princesse de Clèves*), Madame d'Aunoy (*contes*), sont effacés par La Rochefoucault (*Maximes*), Madame de Sévigné (*Lettres*), St-Evremond (*id.*), Ch. Perrault (*Contes de fées*), La Bruyère (*Caractères*), Fénelon (*Télémaque*) et par les orateurs de la chaire, Bossuet (*Oraisons funèbres, discours sur l'histoire universelle*), Bourdaloue, Fléchier, Massillon. — HISTORIENS. — Mezerai, le Card. de Retz (*Mémoires*), St-Réa

(*Conjuration de Venise*), Vertot (*Révolutions*), Furetière (*Dictionnaire historique*). — TRADUCTEURS : Duryer (*Alcoran*), Lemaître de Sacy (*Térence*), Mme Dacier, (*Homère et Térence*), Charpentier (*Cyropédie*), Brumoi (*Théâtre Grec*), Gédouin (*Quintilien*, *Pausanias*). — GRAMMAIRIENS : Vaugelas, Ménage, Richelet (*Dictionnaire*), Moreri (*Dictionnaire historique*), Bouhours, Lancelot (*Grammaire*). — ERUDITS : En France, Casaubon, Mabillon, Montfaucon, l'orientaliste Meninski, Saumaise. Du Cange étudie le moyen âge dans son *Glossarium*. Bayle, protestant exilé, écrit à la Haye ses *Nouvelles de la République des lettres*, et son fameux *Dictionnaire historique et critique*. — Dans les Pays-Bas, Schrevelius. — En Allemagne, Gronovius (*Thesaurus antiquitatum*), Heinsius, Vossius. — JURISTES. En France, Basnage, Domat (Lois civiles), Jeannin; en Allemagne, Corringius, Pufendorf. On étudie le droit civil, malgré la défense de plusieurs papes.

PHILOSOPHES. — On pourrait diviser les philosophes du XVIIe siecle en théologiens et en savants, suivant la base qu'ils ont donnée à leurs méditations. Parmi les premiers, on rangerait le moraliste Nicole, et l'école janséniste et encore scolastique de Port-Royal. La série des philosophes savants s'ouvre brillamment en Angleterre par l'illustre François Bacon. Son *Novum organum* expose la méthode expérimentale et inductive qui servira de base à toutes les sciences. Le mathématicien René Descartes prétend au contraire fonder les sciences physiques et naturelles sur la méthode déductive qui n'est applicable qu'aux mathématiques. Mais cette erreur est rachetée par son *Discours sur la méthode*, où il proclame les droits de la raison humaine. L'oratorien Malebranche et le juif Spinoza tireront des systèmes de Descartes des doctrines très-différentes.

Blaise Pascal, à la fois mathématicien, physicien et philosophe, renouvelle la langue française par les *Provinciales* (1656) et par les *Pensées*, fragments sublimes d'un ouvrage que la mort de l'auteur laisse à peine ébauché.

Grotius en Hollande (réfugié plus tard en Suède), Hobbes en Angleterre, Le Vayer en France, sont des philosophes distingués.

Le mathématicien allemand Leibnitz imagine l'*harmonie préétablie* pour expliquer les rapports de l'âme et du corps. Enfin, le médecin anglais Locke, complétant plusieurs idées de Gassendi, publie son *Traité sur l'éducation* et l'*Essai sur l'entendement humain*, où il reconnaît dans l'exercice de nos sens, l'origine de toutes nos connaissances.

Mathématiciens et Astronomes. Les sciences mathématiques furent cultivées avec éclat par le XVIIe siècle. Déjà en 1614, l'Écossais Néper a facilité les calculs les plus compliqués par l'invention des logarithmes. — Le Wurtembergeois Képler formule en quatre lois tout le mouvement des planètes. Mais il mêle à ses admirables ouvrages des conceptions souvent bizarres et empruntées à Pythagore. Il meurt à Ratisbonne, dans la misère, 1630. — Plus tard, René Descartes (mort en Suède, 1650), Blaise Pascal, les Bernouilli (de Bâle), étendent les bornes de la géométrie et de l'algèbre. — Leibnitz imagine, en même temps que Newton, le calcul infinitésimal. — Enfin l'Anglais Newton, né en 1642, couronne l'édifice élevé par Copernic, Kepler et Galilée, par l'hypothèse de la gravitation, qui rend compte du système du monde, 1687. Les recherches de ce merveilleux génie en optique et en mathématiques, auraient suffi pour immortaliser son nom.

La société Royale de Londres a été fondée sous Cromwell; l'Académie des Sciences, en 1666, par Colbert. Le mathématicien hollandais Huyghens (inventeur des horloges à balancier) et l'astronome italien Cassini, commencèrent son illustration.

Physiciens. Le mathématicien toscan Galilée introduit dans les sciences physiques la méthode expérimentale. Il formule les lois de la pesanteur, invente la lunette qui porte son nom, et, grâce à elle, fait de grandes découvertes astronomiques qui confirment le système de Copernic. Par ces travaux, il attira sur lui les plus odieuses persécutions de l'église : condamné par l'Inquisition à l'âge de 69 ans, à « abjurer, maudire et détester son erreur, absurde, hérétique et contraire aux Ecritures, » il mourut emprisonné, aveugle, après dix ans de réclusion.

La pression atmosphérique, soupçonnée par Galilée, est démontrée par son élève Torricelli, qui invente le baromètre, et par notre Blaise Pascal, qui invente la bronette, le haquet, les omnibus, etc. — Le français Papin (persécuté comme protestant) invente la machine à vapeur, et construit un bateau à vapeur. — Mariotte en France, Boyle en Angleterre, Otto de Guericke en Allemagne (machine pneumatique) sont des physiciens distingués. Le chimiste français Lémery est contraint d'embrasser le catholicisme. Le mathématicien écossais Grégory invente le télescope à réflexion.

Histoire naturelle et Médecine. Les sciences d'observation naissent à peine au XVIIe siècle. Le médecin Guy Patin montre dans ses lettres plus d'esprit que d'indépendance scientifique. L'admirable découverte du médecin anglais Harvey, qui démontre la circulation du sang, est sottement combattue au nom des médecins de l'antiquité. En Angleterre, le célèbre médecin Sydenham (*Aphorismes*), l'anatomiste Willis; en France, Peyer et Riolan; en Hollande, les entomologistes Swammerdan et Redi, et surtout le grand anatomiste italien Malpighi, ont laissé des noms illustres dans la science.

Les créateurs de la science botanique sont Dodart, et surtout le célèbre classificateur Tournefort (*Voyage du Levant*, etc.); Magnol, donnera son nom au *Magnolia*. Dodoëns cultive la botanique en Hollande; Morisson et Jean Ray, en Angleterre.

Le siècle a produit en outre 500 écrivains ecclésiastiques et controversistes ensevelis dans un juste oubli. L'inutilité, aujourd'hui reconnue, des sujets qu'ils ont traités nous permet de les laisser dans l'ombre qui les couvre pour toujours.

XVIIIe siecle.

Les premières années de ce siecle sont occupées par la *guerre de la succession d'Espagne*, dans laquelle les puissances de l'Europe occidentale se liguent contre Louis XIV vieilli et incapable de leur résister. Plusieurs désastres militaires, joints au complet épuisement des finances, et aux horreurs de la famine, réduisent la France à la dernière extrémité, lorsque la mort de l'empereur Joseph Ier rend la paix nécessaire aux vainqueurs eux-mêmes. Elle ne précède que d'un an la mort de Louis XIV. Après avoir trouvé la France si prospère, ce prince la laisse ruinée par son orgueil et surtout par son fanatisme religieux (1715).

Cependant l'Europe orientale voit surgir deux puissances nouvelles : 1° La Prusse, où les protestants réfugiés ont porté l'industrie et la civilisation françaises; 2° La Russie, dont Pierre-le-Grand prépare la puissance. En vain, l'audacieux, mais impolitique roi de Suède, Charles XII, combat ce grand prince. Les prouesses de cet aventurier couronné, et ses victoires mêmes, ne servent qu'à affaiblir sa valeureuse patrie, pour qui sa mort est un bonheur. Vingt années de repos et de travail répareront les maux de la guerre.

Les ministres qui se succèdent en France réussissent moins bien dans cette œuvre de relèvement. Le système de Law achève de ruiner le trésor. Cependant la guerre de la *succession de Pologne* nous vaut la promesse d'obtenir la Lorraine.

La Prusse grandit rapidement sous le règne de Frédéric II, à qui toutes les guerres du continent réussissent. Astucieux politique et habile général, ce prince se vante en outre de protéger les arts, les lettres et la philosophie.

L'Angleterre ne néglige aucune occasion d'étendre son commerce et sa puissance coloniale. Elle ne se mêle aux luttes du continent que pour conquérir l'empire des mers, en affaiblissant les autres puissances maritimes. Tandis que la France se consume en guerres stériles, l'Angleterre combat nos courageux colons Franco-Canadiens abandonnés, par le pouvoir royal, à leurs propres forces. Les vaisseaux anglais triomphent, non sans peine, de notre marine dans l'Océan indien, et assurent à leur patrie la possession de l'Inde. La déplorable rivalité de Dupleix et de La Bourdonnaie, mais surtout la complète apathie de la France facilitent ces conquêtes à jamais regrettables (1763).

L'esprit critique et philosophique du XVIIIe siècle est son principal titre de gloire. On examine et on juge, en toute liberté d'esprit, les opinions appuyées sur la seule tradition ou sur l'autorité des anciens. — Les sciences d'observation naissent en Suède, en France et en Angleterre.

Au milieu des querelles entre jésuites et jansénistes, qui tombent dans le ridicule, sans rien perdre de leur fureur, les hommes sont surpris d'entendre pour la première fois parler de tolérance religieuse. Voltaire consacre sa vie et son génie à propager cette grande vérité morale. Il la répand dans toute l'Europe. Le pouvoir royal lui-même paraît céder à la force de l'opinion : la mémoire de Calas est réhabilitée, et la persécution des protestants perd une partie de sa rigueur à la fin du siècle. Le pasteur Rochette « ministre de la religion prétendue réformée », exécuté à Toulouse, est en 1762, le dernier martyr de la foi protestante.

Mais pendant que plusieurs princes étrangers se proclament disciples de nos philosophes, les gouvernants français restent longtemps sourds à leur voix. Louis XVI promet au début de son règne des réformes dont la poursuite est promptement abandonnée. L'état déplorable des finances le force enfin à réunir les Etats-Généraux. La Révolution française inaugure une ère nouvelle dans l'histoire de l'esprit humain.

1701. **France**. Philippe V, petit-fils de Louis XIV, est proclamé roi d'Espagne.

Louis XIV s'obstinant à lui conserver ses droits au trône de France, l'Allemagne, l'Angleterre et la Hollande se liguent à la Haye, pour soutenir les prétentions de l'Archiduc Charles au trône d'Espagne. De là vient la guerre désastreuse de la *succession d'Espagne* (1701-1714).

Le duc de Savoie et le roi de Portugal se joindront bientôt aux alliés. L'électeur de Saxe et son frère, duc de Bavière, resteront plus fidèles à Louis XIV.

Prusse. Le duc de Brandebourg crée le royaume de Prusse.

1702. La guerre de la succession d'Espagne a deux théâtres principaux : 1° L'Italie, où Vendôme et Villeroi combattent le prince Eugène ; 2° L'Allemagne, où Villars combat le prince de Bade (Victoire de Friedlingen), et peu après l'Anglais Marlborough.

Angleterre. Avènement de la reine protestante Anne Stuart. Un *bill* arrête que la maison de Hanovre lui succèdera.

Danemark. Affranchissement des serfs. Service militaire obligatoire.

1703. **France**. Succès de Villars en Allemagne. Victoire d'Hochstedt.

Il quitte l'armée pour combattre les protestants des Cévennes (Camisards) que la persécution a poussés à bout et qui se sont révoltés.

Portugal. Le traité négocié par Methuen livre le commerce portugais aux Anglais.

Russie. Fondation de St-Pétersbourg par Pierre le Grand.

Il fortifie la ville nouvelle, et la relie par des canaux à toutes les parties du vaste empire russe.

1704. **France**. Désastreuse bataille d'Hœchtœdt.

Angleterre. Les Anglais s'emparent de Gibraltar.

Pologne. Charles XII, qui est à Varsovie, fait proclamer roi Stanislas Leckzinski, au lieu du Saxon Frédéric Auguste, que soutiennent les Russes.

Russie. Pierre s'empare des provinces baltiques.

1705. **Hongrie**. Ragotski la soulève contre l'empereur.

Il est secouru et proclamé duc de Hongrie par Louis XIV. Après cinq ans de lutte, il sera vaincu par trahison.

1706. **France**. Désastres infligés au parti français : Villeroy battu à Ramillies (près Namur) par Marlborough. — L'armée d'Italie battue à Turin. — L'archiduc Charles, qui s'est emparé de Barcelone, occupe momentanément Carthagène et Madrid. Louis XIV propose la paix.

1708. Défaite d'Oudenarde (Pays-Bas). Capitulation de Lille.

1709. Villars perd la désastreuse bataille de Malplaquet.

Hiver effroyable, surtout en France, où règnent un froid extraordinaire et une affreuse famine. Les paysans sont réduits à se repaître d'écorces d'arbres. — Les finances de l'Etat sont épuisées. L'incapable ministre Chamillart recourt inutilement au faux-monnayage. — Mort du P. Lachaise, confesseur du roi. Louis XIV passe des mains de ce jésuite à celles du P. Letellier, jésuite aussi, qui ne vaut pas mieux. — Les fléaux de toute nature qui désolent la France, n'empêchent pas les querelles théologiques. L'archevêque de Paris ordonne la destruction de la fameuse maison janséniste de Port-Royal.

Suède. Charles XII, écrasé à Pultava, se réfugie à Bender en Turquie.

1710. **France**. Louis XIV offre la paix aux conditions les plus onéreuses. Les alliés refusent. Les ennemis continuent leurs progrès en Flandre, en Espagne et en Amérique, où les colons anglais prennent Port-Royal, capitale de l'Acadie.

Turquie. Charles XII, réfugié chez les Turcs, décide le sultan à faire la guerre aux Russes. — Le traité de Pruth, habilement négocié par la czarine Catherine, lui enlèvera cette ressource.

1711. **Allemagne**. La mort de l'empereur Joseph Ier élève à l'empire l'archiduc Charles, prétendant au trône d'Espagne.

1712. Les alliés craignent que le royaume d'Espagne ne le rende trop puissant, et acceptent la paix. Pendant les négociations, Villars gagne la victoire de Denain.

Espagne. Philippe V, pour faciliter la paix, renonce à la couronne de France

France. Mort du duc de Bourgogne, petit-fils de **Louis XIV et** élève de Fénelon.

1713. Traité d'UTRECHT. Il sera confirmé par la paix de Rastadt (1714) qui termine la guerre.

L'Espagne est donnée à Philippe V. Elle livre à l'empereur le royaume de Naples et les Pays-Bas. — L'empereur garde en outre la Toscane, la Sardaigne, le Milanais. — Les Anglais obtiennent les colonies propres à développer leur puissance commerciale, Gibraltar et Minorque, aux dépens de l'Espagne; la Gambie en Afrique et l'Acadie en Amérique, aux dépens de la France. Ils feront le commerce des nègres avec les colonies espagnoles. — Le roi de Prusse fait confirmer son titre de roi.

France. La bulle *Unigenitus* contre le jansénisme soulève de ridicules querelles théologiques.

Italie. Découverte des superbes ruines romaines d'Herculanum.

1714. **Angleterre**. GEORGES Ier, roi de Hanovre, succède à Anne Stuart.

1715. **France**. Mort de Louis XIV. (1er Sept.)

Il laisse une dette de plus de deux milliards. — Son arrière-petit-fils, qui lui succède, n'a que cinq ans. Malgré le testament de Louis XIV qui est cassé, la régence est déférée au duc d'Orléans.

1716. **Turquie**. Elle dispute la Morée aux Vénitiens impuissants, mais secourus par l'empereur et par le Portugal.

Les Turcs, battus par le prince Eugène, perdent Temeswar et Belgrade. — Le traité de Passarowitz (1718) leur donnera la Morée.

1717. **France**. L'abbé Dubois « le plus scandaleux des prélats » (futur archevêque et cardinal) conclut la triple alliance de l'Angleterre, la Hollande et la France contre l'Espagne, que dirige le cardinal Alberoni.

1718. **France**. La Banque de Law excite un funeste agiotage. — Fondation de la Nouvelle Orléans.

Suède. Charles XII est tué au siége de Frederickshall.

Il laisse la Suède épuisée par des guerres ruineuses et stériles. — Sa sœur Ulrique, qui lui succède, mitige le pouvoir absolu. — Elle reconnaîtra (1720) Frédéric-Auguste comme roi de Pologne, abandonnera à la Russie les provinces baltiques, à la Prusse, une partie de la Poméramie. — La Suède conserve le duché de Finlande.

1720. **France**. Établissement des Français à l'île Maurice (île de France).

Chute rapide du système de Law. — Peste de Marseille (zèle de l'évêque Belzunce).

1724. Le duc de Bourbon, premier ministre. — Déclaration de mort civile contre les protestants suivie de nouvelles rigueurs. — Création de la Bourse de Paris.

On introduit le café et la canne à sucre aux Antilles, le tabac en Louisiane.

1725. **Russie**. Mort de Pierre le Grand.

Il a créé l'empire de Russie. CATHERINE Ire, sa femme, qui lui succède, a son génie et son habileté, avec moins de férocité.

France. Louis XV épouse Marie Leckzinska, fille du roi de Pologne détrôné.

1726. Chute du duc de Bourbon. Le cardinal Fleury lui succède à l'âge de 73 ans. Il gardera le pouvoir pendant 17 ans, ne montrant d'énergie que pour persécuter les jansénistes et les protestants.

1727. Miracles du diacre Paris : convulsionnaires. — Les folles querelles théologiques excitées par la constitution Unigenitus continueront plusieurs années. — Cette constitution, toute ecclésiastique, sera élevée, par déclaration royale, au rang de loi de l'État.

1733. **Pologne**. La mort de Frédéric Auguste fait place à deux prétendants : 1° FRÉDÉRIC AUGUSTE II, son fils, soutenu par la Russie et par l'empire, et 2° STANISLAS LECKZINSKI, beau-père de Louis XV, soutenu par la France et ses alliés; d'où, la *guerre de succession de Pologne*.

Villars commande avec succès en Italie. — Mais Leckzinski, bloqué à Dantzick, cesse bientôt d'être soutenu par la France.

Don Carlos (Bourbon d'Espagne) déjà duc de Parme et de Plaisance, s'empare des deux Siciles.

1736. **France**. Une commission de sept savants français va mesurer le méridien terrestre.

1738. Premier traité de Vienne. La paix est conclue déjà depuis trois ans.

Stanislas conserve le titre de roi de Pologne, sans en avoir le pouvoir. Il régnera sur la Lorraine (cédée par l'empire); mais il est convenu qu'à sa mort, cette province doit revenir à la France.

1739. **Turquie**. Une guerre avec l'empereur se termine par le traité de Belgrade. Les Turcs gagnent la Servie et la Valachie.

Perse. Kouli-Khan, Schah de Perse sous le nom de Nadir, s'empare de l'empire mogol, après plusieurs années de guerre.

Le Grand Mogol conserve le pouvoir, moyennant un tribut. Il perd plusieurs royaumes qui se rendent indépendants.

1740. **Autriche**. Mort de l'empereur Charles VI.

La *pragmatique sanction* de 1720, par laquelle il laisse tout son empire à sa fille aînée Marie-Thérèse (à l'exclusion des filles de son frère) a été reconnue de son vivant par toute l'Europe. Dès qu'il est mort, tous les princes la renient, et se liguent contre Marie-Thérèse, chacun espérant un morceau de son empire ; d'où la *guerre de la succession d'Autriche* (1741-48).

1742. **Autriche**. La Silésie envahie par le nouveau roi de Prusse, Frédéric II. Tous les ennemis de l'Autriche font la paix, excepté la France : triste retraite des Français en Bohême.

1743. **Suède**. Traité d'Abo avec la Russie, qui renonce à la Finlande.

1745. **Autriche**. Marie-Thérèse se ligue avec l'Angleterre, la Saxe, la Pologne et la Hollande contre la France et la Prusse, qui rentre dans la lutte.

Victoire de Frédéric II à Striegau. — Les Français, commandés par Maurice de Saxe, sont vainqueurs à Fontenoy (1745), à Raucoux (1746) et à Lawfeld (1747).

France. De féroces édits contre les protestants sont suivis d'un redoublement de persécutions (rapts d'enfants, galères, exécutions, etc.).

1746. **Indes**. La Bourdonnaie prend Madras. L'envieux Dupleix, son rival, abandonne volontairement cette conquête.

Angleterre. La bataille de Culloden, en Écosse, perd la cause des Stuart.

Pérou. Lima détruite par un tremblement de terre.

1748. Le TRAITÉ D'AIX-LA-CHAPELLE termine la guerre.

Il est conclu à l'avantage de la Prusse, qui garde la Silésie, et des Bourbons d'Espagne, qui règneront sur diverses cités italiennes. Gênes devient indépendante. La France s'est affaiblie inutilement.

Colonies françaises. Au Canada, les Français se fortifient. — Ils dominent le Mississipi. — Aux Indes, Dupleix repousse les Anglais, et soumet les Indiens.

1752. **Angleterre**. Adoption du calendrier grégorien.

France. Création de l'École Militaire à Paris, pour les nobles sans fortune.

1754. **Colonies françaises**. La guerre éclate au Canada entre Français et Anglais.

Les Anglais massacrent le parlementaire français de Jumonville. Leurs navires exercent la piraterie sur les côtes de Terre-Neuve.

Aux Indes, Dupleix est rappelé. — Traité de Madras, à l'avantage des Anglais.

France. Querelles religieuses. — Edit pour la liberté du commerce des grains.

Corse. Nouvelle révolte contre Gênes.

1755. **Italie**. Découverte des ruines de Pompéii.

Portugal. Lisbonne détruite par un effroyable tremblement de terre.

1756. **France**. *Guerre de Sept Ans* (1756-63). L'Angleterre s'allie avec la Prusse; la France avec l'Autriche.

L'amiral anglais Bing laisse Richelieu prendre Port-Mahon; il sera condamné à mort, quoique innocent de l'aveu de ses juges. Son exécution est réprouvée par l'Europe entière.

Aux Indes, les Anglais perdent d'abord Calcutta et toutes leurs possessions du Bengale, mais le colonel Clive relèvera leur fortune. Son courage et son habileté vaudront l'Inde à l'Angleterre.

1757. Richelieu fait capituler les Anglais à Closter Seven.

En Allemagne, Frédéric II, qui a envahi la Saxe, sans déclaration de guerre, la ravagera pendant sept ans. Il écrase les Français à Rosbach (1757) et à Crevelt (1758).

France. Tentative de régicide par le mystique Damiens

1759. **Canada**. Montcalm qui, depuis trois ans, soutient avec succès une lutte très-inégale (il a battu 16000 Anglais avec 3500 Français), meurt héroïquement devant Québec, que les Anglais prennent aussitôt après. Montréal cèdera l'année suivante, et le Canada sera perdu par l'incurie du gouvernement français.

Allemagne. Les Prussiens battus à Berghen par les Français, à Cunersdorf par les Russes, qui occuperont Berlin l'année suivante. — Combat de Clostercamp.

Portugal. Expulsion des Jésuites. Ils seront successivement chassés de France (1764), d'Espagne, et de Naples (1767). Le pape Clément XIV les supprimera en 1773 dans toute la chrétienté.

1761. **France**. Pacte de famille conclu par le ministre Choiseul. Les quatre branches régnantes de Bourbon promettent de se garantir mutuellement.

Désastres maritimes. Les Anglais prennent à la France Pondichéry et Mahé aux Indes, la Dominique aux Antilles, Belle-Isle en France.

L'année suivante, ils prendront aux Espagnols la Martinique, Cuba, les Philippines, etc.

1762. **France**. Le protestant Calas, vieillard de 68 ans, est roué vif et brûlé à Toulouse. Voltaire remplit l'Europe des éclats de son indignation.

1763. **France et Angleterre**. TRAITÉ DE PARIS. La France perd l'Acadie, le Canada, plusieurs Antilles, le Sénégal; aux Indes, elle ne conserve que Pondichéry et Mahé. — L'Espagne perd la Floride, la France lui donne la Louisiane.

Russie. Mort d'Élisabeth dont le règne libéral et civilisateur a duré 21 ans. Pierre III ne règne que six mois; sa femme Catherine II lui succède.

1766. **France**. Mort de Stanislas Leckzinski. La Lorraine qu'il a sagement gouvernée, est réunie à la France.

Supplice inique de l'Irlandais Lally-Tollendal, courageux défenseur de nos colonies dans l'Inde.

Supplice du chevalier de La Barre, accusé d'impiété.

1768. Gênes cède la Corse à la France.

1770. Nouvelle banqueroute partielle.

1773. **Pologne**. Premier partage.

Amérique. Insurrection des colonies anglaises.

1774. **France**. Mort de Louis XV. — Son petit-fils Louis XVI, âgé de 20 ans, prend pour ministre le réformateur Turgot.

Liberté du commerce des grains. — Rétablissement des parlements. — Abolition de la torture — des jurandes. — L'abolition des corvées (rétablies par le roi) fait tomber le ministère de Turgot et de Malesherbes en 1776. — Création immorale de la loterie royale. — Le protestant Necker arrive au pouvoir. — Création du Mont de Piété (1777), de la Caisse d'Escompte, etc.

1776. **Nord-Amérique**. Le 4 juillet, les Treize colonies anglaises se constituent en Etats-Unis indépendants à Philadelphie. — Franklin est nommé ambassadeur en France.

1778. **France**. La cause américaine excite un vif enthousiasme. Des volontaires s'engagent sous les ordres de La Fayette. Déclaration de guerre à l'Angleterre.

Angleterre. Mort de William Pitt, comte de Chatham.

1781. **Amérique**. Rochambeau et Washington obligent Cornwallis à capituler à Yorktown.

France. Pour la première fois, un compte rendu des finances est publié.

Chute de Necker. — Calonne, qui lui succède, emprunte en trois ans, près d'un milliard.

1783. TRAITÉ DE VERSAILLES, qui reconnaît l'indépendance des Etats-Unis, et nous rend quelques colonies.

1786. **Prusse**. Mort de Frédéric II.

1787. **France**. L'Assemblée des notables, destinée à remédier au déplorable état des finances, n'amène aucun résultat.

L'*édit de tolérance* ne restitue aux protestants qu'une partie des droits que leur reconnaissait l'édit de Nantes. Il est rendu malgré les vives réclamations de l'assemblée générale du clergé.

1788. **France**. Necker revient au pouvoir. — La convocation des Etats-Généraux est décidée. — Les députés du Tiers Etat sont nommés au troisième degré.

1789. **Etats-Unis**. Washington, président. — Population totale : quatre millions d'habitants.

France. *5 Mai*. — Ouverture à Versailles des Etats-Généraux. 1145 membres (deux du Tiers Etat, contre un noble et un prêtre). Rapport de Necker sur l'état des finances.

20 juin. — SERMENT DU JEU DE PAUME. — Tous les députés présents jurent de ne se séparer qu'après avoir donné une constitution à la France.

14 juillet. — Prise de la Bastille par le peuple de Paris. — Bailly est maire de Paris ; La Fayette commande la milice parisienne. Cocarde tricolore.

NUIT DU 4 AOUT. — L'abolition de tous les privilèges de noblesse est votée par les privilégiés eux-mêmes. — Liberté des cultes. — Liberté de la presse.

6 Oct. — Les femmes de Paris vont chercher le roi à Versailles et le ramènent à Paris.

Confiscation des biens ecclésiastiques ; ils servent de garantie aux assignats. — Division de la France en 83 départements.

1790. **Autriche**. Léopold succède à son frère le vertueux Joseph II. Il soumet les Belges révoltés.

France. Egalité de tous devant la loi. — Suppression des vœux monastiques. — Abolition du droit d'aînesse.

11 juin. Avignon renonce au pape et se donne à la France.

Suppression des titres de noblesse, des armoiries, décorations, etc. — Constitution civile du clergé. Elle sera condamnée par le pape Pie VI.

14 juillet. — Fête de la Fédération. Les députés, l'armée, le roi, la garde nationale jurent au Champ-de-Mars, fidélité à la Constitution.

Création des juges de paix et des tribunaux de conciliation. — Institution du jury. — Les parlements remplacés par une nouvelle organisation judiciaire.

4 sept. — Démission du ministre Necker.

La Constituante décrète que tous les prêtres devront prêter serment à la Constitution civile du clergé. Les réfractaires seront nombreux et susciteront mille embarras à la révolution.

1791. **France.** Les émigrés lèvent des troupes à Coblentz.

Création des tribunaux de commerce. — Abolition des maîtrises, jurandes et corporations.

2 avril. — Mort de Mirabeau. Il est enterré au Panthéon, qui devient le tombeau des grands hommes; on y transporte les restes de Voltaire.

L'Assemblée ôte au roi le droit de grâce.

20 juin. — Fuite de la famille royale. Reconnue à Varennes, elle est ramenée à Paris. Le roi sera suspendu de ses fonctions jusqu'à l'achèvement de la Constitution.

Institution du mariage civil. — Ordre aux émigrés de rentrer en France.

27 août. Déclaration de Pilnitz, par laquelle l'empereur et le roi de Prusse offrent leur appui aux émigrés et au roi de France.

3 sept. La Constitution est présentée au roi qui la sanctionne et lui jure fidélité. Elle confie le pouvoir législatif à une Assemblée élue, et le pouvoir exécutif au roi, dont la personne est déclarée inviolable et sacrée.

30 sept. Séance de clôture de la Constituante.

Les deux assemblées qui lui succèderont n'ajouteront que peu de chose à son œuvre immortelle; mais elles auront à la défendre contre d'innombrables ennemis.

1er oct. La LÉGISLATIVE, dont les membres de la Constituante se sont imprudemment exclus eux-mêmes, est plus hostile à la royauté que la précédente Assemblée.

Le roi refuse les secours armés offerts par la déclaration de Pilnitz. Il déclare qu'il traitera en ennemis les princes étrangers qui favorisent les rassemblements d'émigrés.

Nouvelles émissions d'assignats.

1792. Ministère girondin (Servan, Roland, Clavières).

L'Autriche et la Prusse se liguent contre la Révolution. L'Assemblée leur fait déclarer la guerre.

La déportation est prononcée contre les prêtres insermentés. Le roi s'y oppose.

20 juin. Les Tuileries sont envahies par le peuple de Paris. Cette émeute n'a ni raison d'être, ni résultat.

11 juillet. Les Prussiens entrent en France. La patrie en danger. — Enrôlements volontaires. *La Marseillaise.*

25 juillet. Manifeste de Brunswick.

10 août. Prise des Tuileries par le peuple. Le roi et sa famille sont enfermés au Temple. — La Commune de Paris imposera souvent sa volonté à l'Assemblée elle-même. La Fayette fuit à l'étranger.

Nouveau ministère girondin.

2 sept. Massacres dans les prisons.

Ce forfait abominable, dicté par le fanatisme politique, aussi odieux que le fanatisme religieux, entraîne la Révolution dans une voie déplorable qui compromet les libertés conquises.

20 *sept.* Victoire de Dumouriez et de Kellermann à Valmy. 80000 Prussiens, défaits par 24000 Français, battent en retraite.

21 *sept.* Première séance de la CONVENTION. La royauté est abolie.

Montesquiou occupe la Savoie et Nice, qui se donnent à la France. — Défense héroïque de Lille bombardée par les Autrichiens. — Succès de Custine en Allemagne, de Dumouriez en Belgique. Bataille de Jemmapes.

Procès de Louis XVI. Il est défendu par Tronchet, Malesherbes et de Sèze, condamné par la Convention à mort sans appel, ni sursis, et meurt avec courage le 21 janv. 1793.

1793. Première coalition contre la Révolution.

Elle est dirigée par l'Angleterre. Toutes les puissances

y entrent successivement, excepté la Suède et le Danemark. La Convention déclare la guerre presque simultanément à l'Angleterre, à la Hollande, à l'Espagne, à l'Allemagne et à la Russie. — Dumouriez passe à l'ennemi. — La Convention décrète la levée en masse. Emprunt forcé d'un milliard. — Carnot organisera la défense.

En Vendée, la guerre civile, excitée au nom du trône et de l'autel, deviendra bientôt acharnée et sans merci. (La Rochejacquelein, Cathelineau, Charette, Stofflet).

Ces dangers extérieurs et intérieurs ne sont qu'une excuse insuffisante aux excès à jamais déplorables qui font exécrer le nom de *la Terreur*. Le comité de salut public et d'innombrables tribunaux révolutionnaires cherchent partout des traîtres et des suspects, et sacrifient des milliers d'innocents. La proscription des Girondins (31 Mai) excite des insurrections terribles à Caen, à Bordeaux, à Marseille et surtout à Lyon. Elles sont réprimées avec barbarie. Toulon se livre aux Anglais. — C'est au siège de cette ville que Bonaparte révèle le génie militaire dont il devait faire un si malheureux usage (19 déc.).

13 juillet. Charlotte Corday tue Marat. Elle est exécutée quatre jours après.

Custine et après lui Houchard sont exécutés, sous prétexte de s'être mal défendus contre l'ennemi.

Sept. Odieuse loi des suspects. — Loi stérile du maximun. — Vaine profanation des tombeaux de St-Denis.

Oct. Exécution de la reine Marie Antoinette, des 21 députés républicains de la Gironde, du duc d'Orléans, de Mme Roland, du vénérable Bailly, etc., etc.

Nov. Culte de la déesse Raison, imaginé par Chaumette. — Adoption du calendrier républicain.

Pologne. Deuxième partage.

1794. **France**. Les Anglais prennent nos Antilles et occupent la Corse.

Quatorze armées organisées par Carnot : Pichegru et Jourdan en Belgique, (victoire de Fleurus), Hoche en Allemagne, Masséna en Piémont. — La Prusse et l'Autriche négocient pour la paix.

16 *pluviôse*. Décret d'affranchissement et révolte des nègres. Toussaint Louverture.

La Terreur en province. Les tribunaux révolutionnaires frappent indistinctement tous les partis. Ils condamnent à Paris les révolutionnaires Hébert, Danton, Camille Desmoulins, Chaumette, etc., — la sœur de Louis XVI Élisabeth, le chimiste Lavoisier, enfin le poète républicain André Chénier, (7 thermidor) une des dernières victimes de la Terreur jacobine.

18 floréal. Fête de l'Être suprême. Triomphe de Robespierre.

9 thermidor. Robespierre est décrété d'accusation et exécuté le lendemain avec ses partisans. — Terreur thermidorienne. La Convention supprime la Commune de Paris, rappelle les Girondins survivants, délivre les prisonniers, ferme le club des Jacobins, et abolit la loi du maximum.

Pologne. Kosciusko soutient avec héroïsme la cause de sa patrie mourante. Il est battu à Macejovice. Férocité du général russe Souvarov.

1795. **France**. Conquête de la Hollande par Pichegru (19 janv.). Paix avec toutes les puissances, excepté l'Angleterre et l'Autriche.

Insurrections jacobines du 12 germinal et du 1er prairial. Les derniers jacobins sont déportés. Abolition des tribunaux révolutionnaires. Fermeture des clubs.

Création du système métrique.

5 fructidor (22 Août). La Convention vote la Constitution de l'An III : Directoire, Conseil des Anciens et Conseil des Cinq cents.

Insurrection du 13 vendemiaire. Elle est réprimée par le général Bonaparte.

Réunion à la France des Pays-Bas autrichiens.

Création de l'Institut, des écoles primaires, des écoles centrales (ou lycées) et des écoles normales. Généreux sacrifices pour l'instruction populaire.

4 brumaire (26 Oct.). Dans sa dernière séance, la Convention décrète l'amnistie pour tous les délits révolutionnaires.

Le Directoire commence ; il est composé de Barras, Rewbell, Lareveillère-Lepeaux, Le Tourneur et Carnot.

Pologne. Troisième et dernier partage.

1796. **Italie**. Célèbre campagne de Bonaparte.

L'armée française s'illustre par une série de victoires, mais ternit sa gloire par des exactions et des rapines que des généraux républicains n'auraient pas tolérées.

La victoire de Mondovi force le Piémont à faire la paix. Le pape paie tribut.

L'Autriche envoie successivement trois armées, toutes trois détruites : d'abord Beaulieu, battu au pont de Lodi. — Puis Würmser battu à Lonato, à Castiglione, à Roveredo, à Bassano, et pris au siége de Mantoue. Enfin Alvinzi, battu à Arcole. — Violation injuste du territoire de Venise. — Création de la République crispadane.

Allemagne. Moreau et Jourdan combattent l'archiduc Charles.

France. Le magnanime Hoche pacifie la Vendée. Stofflet et Charette sont fusillés.

Abolition des assignats, dont 33 milliards sont en cours.

1797. **Italie**. Alvinzi battu à Rivoli. Bonaparte envahit les états du pape. Il bat l'archiduc Charles à Tagliamento. Les préliminaires de paix qu'il engage trop tôt empêchent la campagne de Hoche et de Moreau de porter tous ses fruits. Odieuse occupation de Venise. — Le traité de Campo-Formio (17 oct.) renie les généreuses traditions de la Révolution. — République cisalpine.

France. Exécution de Gracchus Babeuf. — Par le coup d'état du 18 fructidor, que provoque Bonaparte, le Directoire fait déporter les députés de l'opposition.

18 sept. Mort de Hoche.

1798. **France**. Mulhouse et Genève réunies à la France.

Révolutions républicaines en Hollande, à Rome, en Suisse.

L'Angleterre reste seule de la première coalition.

Bonaparte décide le nouveau Directoire à entreprendre l'expédition d'Égypte, sous prétexte de nuire au commerce anglais. 35000 hommes partent pour cette funeste aventure. Bien peu reverront leur patrie. — Bataille des Pyramides. — Nelson détruit notre flotte à Aboukir. — Révolte du Caire réprimée par des cruautés inouïes. — Desaix conquiert la haute Égypte.

Deuxième coalition combattue en Italie par Championnet et Macdonald.

Conscription. — Création à Paris du Conservatoire des Arts et Métiers.

1799. **France**. Notre armée constitue la République Parthonopéenne. — Le Russe Souvarow expulse les Français d'Italie, mais son armée est dispersée en Suisse par Masséna.

En Hollande, les Anglais et les Russes sont repoussés avec pertes.

Bonaparte entreprend la campagne de Syrie. Il prend Jaffa et y exerce d'épouvantables cruautés. — Il échoue devant Ptolémaïs, grâce à l'Anglais Sidney-Smith. Bataille du Mont Thabor. — Bonaparte revient en Egypte. — Victoire d'Aboukir. La peste décime l'armée. Bonaparte l'abandonne aux mains habiles de Kléber, et revient en France précipitamment.

Un mois après, il consomme le crime du 18 brumaire (9 nov.) avec la complicité du vénal Sieyès, et de l'infâme Fouché, qui lui resteront toujours attachés. Il trompe le Conseil des Anciens et disperse le Conseil des Cinq Cents par la force. Puis il impose à la France la Constitution de l'an VIII.

Un premier Consul (Bonaparte) presque omnipotent, a seul l'initiative des lois, et nomme à toutes les fonctions; les deux autres Consuls (Cambacérès et Lebrun) n'ont que voix consultative. Les Conseillers d'Etat et les Sénateurs nommés par le Premier Consul n'auront d'autre fonction que de lui obéir. Les Tribuns et les Députés (assemblée des muets) nommés par le sénat. Ce gouvernement autocratique, qui rédigera nos codes, détruira une à une les plus précieuses conquêtes de la Révolution.

Italie. A Naples, excès épouvantables contre les républicains. — Mort de Pie VI.

Egypte. Révolte contre les Français. — Victoire d'Héliopolis. — Kléber sera assassiné par un fanatique l'année suivante.

1800. **France**. Bonaparte devenu premier Consul, déporte sans jugement les républicains. Il supprime presque tous les journaux, et punit jusqu'aux propos de salon (Mme de Staël, Mme Récamier etc.).

Dévastation de la Vendée. Le chouan Frotté fusillé par trahison.

Création de la Banque de France. On comble le déficit par des exactions exercées sur les peuples alliés.

3 déc. — Machine infernale dirigée par les chouans contre le premier Consul.

A ce sujet, il fait déporter à Madagascar 130 républicains notables sur un simple sénatus-consulte. Tous (sauf deux) devaient y périr.

Allemagne. Admirable campagne de Moreau. Victoires de Engen, Moskirch et Biberach. Arrêté dans ses victoires par ordre du premier Consul, il n'en reprendra le cours qu'en décembre. La victoire de Hochstett et surtout celle de Hohenlinden lui ouvrent la route de Vienne.

Italie. Masséna bloqué dans Gênes, qui est prise par la famine.

Bonaparte traverse le Grand St-Bernard; il écrase les Autrichiens à Marengo. Desaix y est tué. — La paix de Lunéville confirmera le traité de Campo Formio.

Etats-Unis. Mort de Washington, simple citoyen.

Arts et Sciences. Les philosophes du XVIIIe siècle délivrent définitivement l'esprit humain du joug de l'enseignement autoritaire et de la superstition. « Il fut enfin permis de proclamer hautement ce droit si longtemps méconnu, de soumettre toutes nos opinions à notre propre raison, c'est-à-dire d'employer, pour saisir la vérité, le seul instrument qui nous ait été donné pour la reconnaître. Chaque homme apprit, avec une sorte d'orgueil, que la nature ne l'avait pas absolument destiné à croire sur la parole d'autrui; et la superstition de l'antiquité, l'abaissement de la raison devant le délire d'une foi surnaturelle, disparurent de la société comme de la philosophie » (Condorcet).

Mais, si la raison humaine commence à s'émanciper des liens où l'enchaînaient tant de traditions rétrogrades, elle ignore encore les méthodes positives qui peuvent seules la conduire avec sûreté vers la vérité. Faute de ce fondement indispensable, les plans sociologiques que quelques-uns formulent avec assurance ne sont encore que des essais fort imparfaits, et la philosophie reste pour beaucoup d'esprits un art d'imagination.

Cette base expérimentale qui manque encore aux sciences sociales, les naturalistes commencent à la donner à la connaissance de la nature. Linné et Jussieu, dignes successeurs de Tournefort, régénèrent la botanique. Buffon et Daubenton décrivent exactement les animaux. L'immortel Lavoisier jette les fondements de la chimie et la dote d'une nomenclature merveilleuse. Enfin Bichat crée l'anatomie générale, et Cuvier publie ses premiers travaux. Excepté le Suédois Linné, tous ces esprits créateurs sont français.

Cependant, vers la fin du siècle, la littérature allemande prend un essor inattendu. En même temps qu'à de grands poëtes, l'Allemagne donne le jour à d'excellents musiciens. Dans tous les autres arts (peinture, sculpture, architecture), la France garde une suprématie incontestée.

La vie parlementaire fait naître en Angleterre le journalisme, genre de littérature inconnu jusqu'alors. En France, les journaux ne deviennent nombreux que sous la Révolution. Brissot et Camille Desmoulins sont leurs rédacteurs les plus distingués.

Peintres. En Italie, Panini; Canal; Guardi. — En Hollande, Van der Werf; Spaendonck. — En Allemagne, Denner; Seibold; Heinsius. — En Angleterre, Hogarth. — L'Ecole française est la plus importante : Largillière; Rigaud; Desportes (*Chiens de race*); de Troy; Watteau Van Loo; Nattier: Oudry; Lancret; Chardin; Boucher; Joseph (*ports de France*) et Carle Vernet; Greuze; Restout; Fragonard; Regnault; Mme Vigée Lebrun (*portraits*); Prudhon (*Caïn*); Drouais; enfin David qui sera le créateur d'une nouvelle école.

La manufacture de Sèvres est créée en 1748.

Sculpteurs : En France, Lemoyne; Bridan; Bouchardon; Pigalle; Houdon. — En Italie, Canova. — Architectes, Boullée; Soufflot (*Panthéon*); Chalgrin. L'Italien Servandoni construit St-Sulpice à Paris. Calderari en Italie.

COMPOSITEURS DE MUSIQUE : En Italie, Scarlati ; son élève Durante et sa glorieuse école : Traetta, Pergolèse et son ami Jomelli ; Piccini (rivalité avec Glück à Paris) ; Sacchini ; Paï-siello ; enfin Cimarosa et son adversaire Guglielmi. — En France, Rameau, J.-J. Rousseau (*Le devin de village* 1752) ; Gretry ; Dalayrac ; Méhul ; Favart crée l'opéra comique. — En Allemagne, Haendel, Gluck, Mozart, Haydn, les Bach, Beethoven.

POÈTES : En Italie, l'historien Maffei (*Mérope* 1713), Metastase (*opéras, odes, sonnets, tragédies, etc.*) ; Goldoni (*Comédies*) Alfieri (*tragédies*). — En France, Voltaire, aussi admirable comme poète que comme historien, et comme philosophe, excelle dans tous les genres (*poëmes, tragédies, contes, poësies légères*) ; Malfilâtre ; J.-B. Rousseau (*odes*) ; Destouches (*comédies*) ; Louis Racine, bien inférieur à son illustre père (poème de *la Religion*) ; Crébillon (*tragédies*) ; Colardeau (*Comédies*) ; Piron (*la Métromanie* 1738) ; Gresset (*Vert-Vert* 1733 ; *Lutrin vivant* ; *Le Méchant* 1747) ; Collé (*Comédies*) ; Gilbert mort à l'Hôtel Dieu ; Lefranc de Pompignan (*odes*) ; St-Lambert (*Saisons* 1769). Puis, des poëtes légers : Dorat ; le cardinal de Bernis ; Parny (*la Guerre des dieux* 1778) et son ami Bertin ; le chevalier de Boufflers. — Enfin, Florian, petit neveu de Voltaire, (*fables* 1792) ; André Chénier, l'un de nos plus grands poètes ; Colin d'Harleville (*Comédies*) ; Ducis, le flasque imitateur de Shakespeare ; Delille, (*traduction de Virgile*) ; Lebrun-Pindare (*odes*).

En Angleterre, Congrève (*Comédies*) ; Tompson ; Pope (*Essai sur l'homme* 1733, *etc.*) ; Young (*les Nuits* 1740) ; Collins (*Odes* 1742) ; Prior ; Gay ; le paysan écossais Robert Burns — En Allemagne, Klopstock (*Messiade* 1740) ; le Suisse Gessner (*Idylles*) ; Schiller (tragédies) ; Voss (*traduction d'Homère*) ; Wieland (*la nature des choses* 1751 *Obéron*, etc.), Gœthe (*Faust* 1771 etc.) sont les créateurs de la littérature allemande. La cour de Weimar protége cette nouvelle école littéraire.

PROSATEURS : En France, Lesage (*Turcaret* 1707 ; *Gil*

Blas 1715) ; Fontenelle (1657-1757), neveu de Corneille, poète secondaire, mais savant ingénieux et vulgarisateur admirable (*Pluralité des mondes* 1686; *Éloges*); Marivaux (*Comédies* 1720-40), l'abbé d'Olivet (*histoire de l'Académie française* 1729) ; l'abbé Prévost (*Manon Lescaut* 1733); Mme de Graffigny (*Lettres d'une Péruvienne* 1746) ; l'éloquent missionnaire Bridaine ; Marmontel (*Contes* 1753-58; *Bélisaire* 1767); Sedaine (*opéras comiques; le Philosophe sans le savoir* 1765) Mme Leprince de Beaumont (*Contes* 1770) ; Mlle de Lespinasse (*Lettres* 1774) ; Mme du Deffant (*Lettres*) ; Mme de Riccoboni (*Romans*) ; le rhéteur Thomas (*Éloges et Discours*); Beaumarchais (*Mémoires* 1774; *le Barbier de Séville* 1775; *le Mariage de Figaro* 1784); le conteur Berquin (*l'Ami des enfants* 1784); Dupaty (*lettres sur l'Italie* 1786); l'abbé Barthélemy (*Voyage d'Anacharsis* 1788); Chamfort; Rivarol; Cazotte; Demoustier (*Lettres sur la Mythologie* 1786-98); Suard; Volney (*Voyage en Egypte* 1787; *les Ruines* 1792); Bernardin de St-Pierre (*Paul et Virginie* 1788; *Harmonie de la Nature* 1792); l'abbé Maury (*Éloquence de la chaire* 1810).

En Angleterre : Addison (*Le spectateur*) et son collaborateur Steele; Swift (*Contes du tonneau* 1704; *Gulliver* 1726); De Foé (*Robinson* 1717). Les romanciers Richardson (*Paméla* 1741, *Clarisse Harlowe* 1748, *Grandisson* 1753) ; Fielding; Smolett; Sterne (*Tristram Shandy* 1759-66; *Voyage sentimental en France* 1767); Goldsmith (*Vicaire de Wakefield* 1766). Le pamphlétaire pseudonyme Junius (dans le *Public Advertiser* 1769-72); Samuel Johnson; l'orateur Burke.

— En Allemagne, le critique Lessing (*Laocoon* 1767). — En Suisse, l'historien Muller et le médecin Zimmermann (*de la solitude* 1756).

Historiens : En France, Saint-Simon (*Mémoires* 1694-1723) reproduit en traits ineffaçables l'histoire de son temps. Après lui, Barbier (1718-63), et ensuite Bachaumont (1762-71), écrivent des mémoires moins intéressants.

L'abbé Fleury (*hist. ecclés.*); Rollin (*traité des études* 1726; *hist. anc.* 1730-38) Duclos (*hist. de Louis* XI 1745, etc. Le plus élégant et le plus philosophe des historiens du XVIIIe siecle est Voltaire (*hist. de Charles* XII, 1730; *siecle de Louis* XIV *et de Louis* XV, 1751; *Mœurs des nations*, 1759; *hist. de Russie*, etc.); Rulhière (*hist. de Pologne* 1768, et suiv. *etc.*). Le bénédictin Clément (*l'art de vérifier les dates* 1770, etc.) Anquetil (*Esprit de la ligue* 1767; *hist. de France* 1805).

En Angleterre, Robertson (*Charles-Quint* 1769; *hist. de l'Amérique* 1777, *etc.*); Gibbon (*hist. de l'empire romain* 1788, *etc.*) a aussi écrit en français.

En Allemagne, le poëte Schiller (*Guerre de 30 ans* 1791).

En Italie, le philosophe Giannone banni, puis emprisonné par trahison pour son *histoire de Naples* 1742; et l'érudit Muratori.

Philosophes : En France, le philanthrope abbé de St-Pierre (*projet de paix perpét.* 1713); Montesquieu (*Lettres persanes* 1721; *Grandeur et décadence des Romains* 1734; *Esprit des lois* 1748); Voltaire met au service d'une philosophie humanitaire et libérale toutes les ressources de son savoir encyclopédique et de son style incomparable (*Correspondance; Dictionnaire et Lettres philosophiques*, etc. etc.) Ses nombreux ennemis, l'abbé Desfontaines, Fréron (*l'Année littéraire* 1754-76), l'abbé Guénée (*Lettres de quelques Juifs portugais* 1769) ne sont guère connus que par ses accablantes répliques. — L'aimable moraliste Vauvenargues (*Maximes* 1746); Condillac, disciple de Locke dont il expose et développe les doctrines (*orig. des connaiss. hum.* 1746; *traité des sensations* 1754; *Art de raisonner* 1757); son frère Mably (*Droit public* 1748; *Consid. sur l'hist.* 1765; *Droits du citoyen* 1771). Jean-Jacques Rousseau, citoyen de Genève (*Disc. contre les arts* 1749; *Nouv. Héloise* 1762; *Contrat social* 1760; *Emile* 1762 *etc.*). Le mathématicien Diderot (*Lettre sur les aveugles* 1749; *Paradoxe sur le comédien*; *Rêve de d'Alembert*;

Salons 1765-67, etc.) dirige malgré mille persécutions l'*Encyclopédie* (1751-72) admirable monument élevé aux sciences, aux arts et à la philosophie; tous les philosophes du siècle (excepté J.-J. Rousseau) sont ses collaborateurs; Helvétius (*De l'esprit* 1758) et d'Holbach (*système de la Nature* 1770) sont comme Diderot, des philosophes matérialistes. Le mathématicien d'Alembert est, après Diderot, le principal encyclopédiste (*Discours préliminaire*; *expulsion des jésuites etc.*); l'Allemand Grimm écrit avec grâce et esprit la *Correspondance littéraire* (1753-90). Enfin, le géomètre Condorcet exposant dans l'*Esquisse des progrès de l'esprit humain* 1793 par quelles voies l'intelligence et les connaissances humaines se développent, se montre un digne précurseur d'Aug. Comte.

En Italie, Vico fonde la philosophie de l'histoire (1725); Beccaria flétrit la barbarie du code criminel qui régnait à son époque (*Des délits et des peines* 1764).

En Allemagne, Kant (*Critique de la raison pure* 1780), fonde le criticisme. Herder combat cette doctrine (*Philosophie de l'humanité*).

En Angleterre, lord Shaftesbury (*Caractères* 1713) lord Bolingbroke et lord Chesterfield, montrent le néant des enseignements bibliques. Ant. Colins, élève de Locke (*Liberté de penser* 1713; *liberté de l'homme* 1717). L'historien sceptique Hume (*Nature humaine* 1736; *révol. angl.* 1754) est disciple de Locke. Il est combattu par Hutcheson (*Syst. de philos. morale* 1755), fondateur de la philosophie dite écossaise dont Th. Reid devient le plus illustre représentant (*Applicat. des math. à la morale* 1752; *l'esprit humain d'après le sens commun* 1763). Le philanthrope Howard améliore le sort des prisonniers.

Orateurs : Les principes de tant d'excellents philosophes sont dignement soutenus à la tribune par Mirabeau, Barnave, puis par les Girondins Vergniaud, Gensonné, Guadet, Louvet, Péthion, Brissot, Buzot, etc.; par les Montagnards Danton, Cam. Desmoulins, etc. enfin Robespierre,

Lebas etc.

Sociologistes : Cependant la science des collectivités humaines commence à révéler son existence; mais on ne connaît pas encore la méthode statistique qui permet seule de bien étudier les peuples. On veut deviner par le raisonnement les lois qui les régissent, au lieu de les recueillir par l'observation. Le marquis de Mirabeau (père du grand orateur) publie en 1755, l'*Ami des hommes*; en 1760, la *Théorie de l'impôt*; le médecin Quesnay écrit sa *Physiocratie* (1758) qui fit bientôt école; Turgot : *Formation des richesses* (1766). Le spirituel abbé italien Galiani combat les *physiocrates* (*Commerce des blés* 1770). L'abbé Raynal publie en 1770 son *Hist. philos. des Deux Indes*. — En Angleterre, Adam Smith (*Traité des richesses* 1776) défend le libre échange et sera bientôt chef d'une école célèbre. — En Amérique, le physicien Franklin se montre encore plus grand sociologiste par les institutions qu'il crée (assurances, bibliothèques, pompiers) que par les ouvrages qu'il écrit, (*Bonhomme Richard* 1732).

La démographie fait d'abord des progrès plus rapides. Des tables de mortalité sont calculées par Deparcieux (1746) et par Dupré de St-Maur (qui publie aussi des mémoires sur les *monnaies* et sur *la valeur des denrées* 1762) L'abbé Expilly (*Popul. de France* 1765), le célèbre philanthrope Montyon (*Popul. franc.* 1778), le ministre Necker, et le chimiste Lavoisier, suppléent à l'incurie administrative à force de patience et de perspicacité. Ils comptent en France 26 millions d'hab. Les bienfaits de la Révolution porteront rapidement ce nombre à 38 millions. — L'Anglais Young donne une excellente description de la France en 1787.

Juristes : En France, Daguesseau; le commentateur Pothier (*Pandectæ* 1748). — En Italie, Gravina (*de ortu juris civilis*), Filangieri. — En Suisse, Burlamaqui (*droit naturel*). — En Allemagne Cocceji; Carmer est l'auteur du code prussien.

Mathématiciens et Astronomes : En France, Callet,

célèbre par ses tables de logarithmes. Varignon donne à la mécanique rationnelle une base nouvelle (1725). En 1736, une commission de sept savants déjà illustres fut chargée de mesurer le méridien terrestre. Bouguer, Godin et La Condamine allèrent à l'Equateur, tandis que Maupertuis, Clairaut, Camus et Lemonnier se rendaient en Laponie. Bailly, le futur maire de Paris, est un astronome distingué. — Borda, inventeur d'un cercle répétiteur (1787), perfectionne plusieurs instruments de marine. — Condorcet. — Lalande astronome secondaire, mais excellent professeur. Lagrange, un de nos plus grands géomètres (*Calcul des variations*). Monge crée la Géométrie descriptive 1771. Méchain et Delambre font en 1794 les relevés géométriques nécessaires à la création du système métrique.

En Angleterre, l'astronome Halley indique comment le passage de Vénus peut servir à calculer la distance du soleil. L'illustre Herschell découvre la planète Uranus en 1781. Bayes perfectionne le calcul des probabilités.

Euler, né à Bâle, s'illustre dans toutes les branches des mathématiques; il les professe à Berlin et à St-Pétersbourg.

Arts Mécaniques : En France, Vaucanson construit des automates célèbres et perfectionne quelques machines. — Bréguet perfectionne l'horlogerie. Chappe invente le télégraphe aérien (1793).

Physiciens : En France, Argand et Quinquet inventent les lampes à double courant (1742). L'abbé Nollet étudie l'électricité (1749-70). Les frères Montgolfier s'élèvent en ballon le 4 juin 1783 (mort de Pilâtre du Rozier 1785); les Montgolfier inventent aussi le bélier hydraulique (1792). — L'Américain Franklin explique la foudre et invente le paratonnerre.

En Italie, Volta et le médecin Galvani étudient l'électricité (1791). — En Hollande, S'Gravesande développe la physique de Newton (1720). — En Suisse, l'illustre famille de Saussure fournit des naturalistes et des physiciens. — En Angleterre, Watt perfectionne la machine à vapeur (1769-84); Atwood étudie la pesanteur (1784) et Rumford, la chaleur.

Chimistes : En Allemagne, le médécin Stahl imagine la fausse théorie du phlogistique. Richter observe les lois qui portent son nom.

En France : le pharmacien Baumé; le médecin d'Arcet (*alliage fusible*). Lavoisier jette les vrais fondements de la chimie (1783); avec l'aide du magistrat Guyton de Morveau, de Fourcroy et de Berthollet, il crée la nomenclature chimique (1787). Les progrès de cette science seront désormais rapides.

En Suède, Bergmann montre l'usage du chalumeau, il protége le modeste Scheele qui découvre le chlore et un grand nombre d'autres corps.

En Angleterre, Cavendish analyse l'eau etc. — Priestley découvre l'oxygène en même temps que Lavoisier et que Scheele.

Naturalistes : L'Allemand Born est un des premiers minéralogistes (*index fossilium* 1772-75). — La botanique est renouvelée par le suédois Linné (1736) et par les Jussieu en France. Des voyageurs scientifiques vont observer les pays lointains : Feuillée en Amérique (1707), Linné en Laponie (1732), l'Allemand Gmelin en Sibérie, le Suédois Hasselquist en Palestine (1749); le célèbre Français Adanson au Sénégal (1748), (*Familles des plantes* 1759); l'Anglais Banks et le Suédois Solander accompagnent Cook dans ses voyages. Swerby forme à Londres un herbier célèbre; Cirillo de Naples se montre bon naturaliste et excellent citoyen. Bulliard, en France, est un des premiers cryptogamistes (1791). Enfin Parmentier introduit en France la pomme de terre, ou *parmentière*, malgré les préjugés populaires.

Zoologistes : Le physicien Réaumur étudie les insectes (1734-42), et Trembley les polypes (1744). Buffon décrit dans un langage admirable, les mammifères et les oiseaux (1749-67). Son collaborateur Daubenton, est un excellent anatomiste. Lacépède, qui continue leur œuvre, est un observateur moins habile; c'est d'ailleurs un écrivain emphatique, plat adulateur de Bonaparte. Broussonnet étudie les poissons (1782). Bruguières voyage en Égypte et en Asie (1792-99).

En Suède, Artedi, ami de Linné, décrit les poissons 1738. — En Italie, l'illustre Spallanzani se montre grand physiologiste. — En Suisse, les deux Huber, observateurs très-ingénieux, décrivent les mœurs curieuses des abeilles et des fourmis.

Anatomistes : En Italie, Valsalva et l'illustre Morgagni, plus tard, Scarpa. — En Hollande, Ruysch; l'illustre Boerhaave botaniste, médecin et anatomiste; Albinus et l'Anglais Sandyford sont les derniers représentants de l'école de Leyde.

En Suisse, le physiologiste Haller. — En France, Winslow; puis, l'illustre Vicq-d'Azir (*Syst. d'anat.* 1786), et enfin Bichat (*Anat. génér.*).

Médecins : En Angleterre, les Hunter; le chirurgien Pott; enfin Jenner, qui découvre la vaccine. — En Hollande, Van Swieten; — En France, Bordeu, Louis, Pinel, Cabanis.

L'abbé de l'Epée invente le langage des sourds-muets.

Explorateurs : L'Anglais Bruce voyage en Abyssinie. Le Français La Pérouse et l'Anglais Cook périssent dans des voyages en Océanie.

XIXe siecle.

Pendant quinze ans, l'Europe est livrée aux fantaisies belliqueuses d'un ambitieux sans scrupule. Militaire incomparable, diplomate plus astucieux qu'habile, souverain tyrannique et sanguinaire, Napoléon pousse jusqu'à la folie, la passion d'éblouir les hommes et de les dominer. La France, aveuglée par des victoires étonnantes dont une presse impuissante lui exagère les résultats et lui voile les dangers, se laisse complètement asservir. Les conquêtes de la Révolution, pour peu qu'elles gênent le pouvoir illimité de l'empereur, sont confisquées à son profit; il crée la centralisation administrative, supprime la représentation nationale, châtie sévèrement les plus timides observations de ses conseillers; son gouvernement autocratique est encore moins contrôlé que ne l'était celui des rois.

Sa criminelle tentative sur l'Espagne est suivie d'une insurrection héroïque et triomphante; l'expédition de Russie, encore plus insensée, détruit la Grande armée; ses débris sont anéantis sous les murs de Leipsick. La France est envahie; « l'ennemi de l'Europe » est forcé d'abdiquer. Les hommes serviles dont il a entouré son trône rappellent spontanément les Bourbons au pouvoir. Les Cent jours, la bataille de Waterloo, la seconde invasion, rendent la position de la France encore plus mauvaise.

Le retour des Bourbons est signalé par la *Terreur blanche,* aussi cruelle que celle des tribunaux révolutionnaires, mais beaucoup moins excusable encore. Le clergé acquiert un pouvoir qu'il rend rapidement odieux.

Si les conquêtes de la Révolution semblent perdues pour la France, l'univers entier en profite. En Amérique, les colonies espagnoles se transforment toutes (sauf Cuba) en républiques indépendantes; En Europe, les rois éclairés par l'exemple du malheureux Louis XVI, accordent prudemment des concessions suffisantes. Trois souverains néanmoins (espagnol, turc, russe) préfèrent combattre leur peuple par la force, plutôt que d'en écouter les vœux. — Dans cette lutte, les colonies espagnoles et la Grèce conquièrent l'indépendance. Le czar Nicolas ne triomphe des héroïques Polonais, qu'en se déshonorant par des cruautés sans exemple.

La France elle-même, secoue le joug de l'aristocratie et du clergé, et met Louis-Philippe sur le trône. Son règne essentiellement constitutionnel et pacifique, marque le triomphe de la bourgeoisie. La Belgique, aidée par la France, se sépare de la Hollande. La conquête de l'Algérie, entreprise sous Charles X, est heureurement poursuivie.

Les sciences, les lettres et les arts, prennent en France

un éclat incomparable. Mais l'invention des machines cause dans l'industrie une crise douloureuse pour le peuple. De nombreuses insurrections témoignent de ce malaise que le temps devait guérir.

La République de 1848 excite d'abord un vif enthousiasme. Mais le peuple français, égaré par la légende napoléonnienne, abandonne le pouvoir au plus perfide ennemi de la France. Son gouvernement corrompu et corrupteur, hypocrite et maladroit, laisse l'équilibre européen se rompre aux dépens de l'Autriche et au profit de la Prusse.

Cependant, l'Angleterre donne à sa puissance industrielle un développement en rapport avec ses ressources maritimes et coloniales qui grandissent sans cesse. Elle couvre le globe de ses colons. L'Australie se peuple rapidement, tandis que la France n'acquiert que la Cochinchine, colonie malsaine et inutile.

Les Etats-Unis sont le théâtre d'une guerre gigantesque entre les Etats esclavagistes du sud (confédérés) et les Etats du nord (fédéraux) qui triomphent péniblement. L'esclavage est aboli dans la grande République; il le sera, avant peu d'années, sur toute la terre.

1801. La Ligue des neutres (Russie, Suède, Danemark et Prusse), formée en déc. 1800, est combattue par l'Anglais Nelson (bataille navale de Copenhague); elle est entièrement dissoute par suite de l'assassinat du czar Paul Ier.

Egypte. L'armée française, battue par l'Anglais Abercrombie, abandonne l'Egypte.

L'ESPAGNE impose au Portugal le traité de Badajoz. Elle nous rend la Louisiane, que Napoléon vendra en 1803 aux Etats-Unis.

France. Concordat; restauration de la religion catholique.

1802. **France.** Traité d'Amiens avec l'Angleterre, qui obtient l'île de Ceylan, colonie hollandaise, mais nous rend quelques colonies. — Réunion du Piémont à la France.

Les premiers livres du Code Civil ayant été rejetés par les chambres, celles-ci sont illégalement *épurées*. — On crée des routes et des canaux. — Le plan d'éducation imposé aux lycées est exclusivement militaire. — Création de la Légion d'honneur, vivement combattue. — Consulat à vie. Remaniement de la Constitution qui prépare la monarchie presque absolue. — Rétablissement de l'esclavage aux colonies.

Haïti. Expédition, malheureuse et inutile du général Leclerc qui y meurt. Le nègre Toussaint Louverture est ramené en France où il mourra emprisonné. — L'armée française sera détruite l'année suivante.

Russie. Réformes généreuses accordées par le nouveau czar Alexandre Ier. Instruction publique. — Liberté de l'imprimerie. etc. — Odessa doit au duc de Richelieu sa prospérité.

1803. **France.** Les Anglais refusant d'évacuer Malte, Bonaparte leur ferme les portes de Hollande, de France et d'Espagne.

Il confisque leurs marchandises ; il arrête même leurs nationaux, et conçoit le projet de descendre en angleterre (Camp de Boulogne). Il rejette avec mépris le bateau à vapeur de Fulton qui pourrait seul sauver l'entreprise.

Exactions de Bonaparte en Italie, en Espagne, en Portugal et en Hollande.

Nouvelles mesures contre les journaux.

1804. **France.** Conspiration du chouan Georges Cadoudal, du général Pichegru ; ils sont arrêtés. Pichegru est étranglé dans sa prison. — Le premier Consul implique Moreau dans la conspiration, et l'exile.

Enlèvement et assassinat du duc d'Enghien.

Adoption du code civil ou code Napoléon.

Le premier Consul proclamé empereur (18 Maï, 28 floréal). Rétablissement de l'ancienne cour. — Le pape vient couronner Napoléon à Notre-Dame. — Les républiques instituées par le Directoire seront transformées en royaumes et livrées aux membres de la famille Bonaparte. (Eug. de Beauharnais vice-roi d'Italie. En 1806, Joseph aura Naples ; Louis, la Hollande, etc,)

1805. Troisième coalition (Angleterre, Russie, Autriche).

L'amiral Villeneuve étant forcé de rentrer la flotte à Cadix, le camp de Boulogne est levé. Napoléon ayant contraint Villeneuve à combattre, la flotte est anéantie à Trafalgar (*21 oct.*); Nelson y est tué. Villeneuve prisonnier se poignardera de désespoir.

Campagne de 1805. — Victoire d'Austerlitz (*2 déc.*). Traité de Presbourg (*26 déc.*). L'Autriche perd un quart de sa population.

Suppression du calendrier républicain (an XIV).

1806. **Angleterre.** Mort du ministre W. Pitt (fils).

France. Code de procédure civile.

Allemagne. Napoléon crée la confédération du Rhin; l'empire d'Allemagne cesse d'exister.

Quatrième coalition, conduite par la Prusse dont l'armée est anéantie à Iéna (*14 oct.*); Napoléon à Berlin (*28 oct.*).

21 nov. Blocus continental, « monument de folie et d'orgueil », décrété à Berlin.

15 déc. Napoléon à Varsovie; il enrôle des milliers de Polonais, leur promet la liberté et ne tentera jamais rien pour eux. Bataille sanglante de Pultusk.

1807. **Angleterre**. Elle décrète la confiscation de tout bâtiment se rendant en France ou chez les alliés de la France. — Les Anglais bombardent Copenhague.

France, Prusse et Russie. La meurtrière bataille d'Eylau (*8 fév.*) est à peine une victoire, mais les Russes sont écrasés à Friedland (*14 juin*). — Entrevue des deux empereurs à Tilsitt. — Jérôme Bonaparte, roi de Wesphalie.

France. Suppression du Tribunat. — Promulgation du Code de commerce. — Noblesse nouvelle; majorats etc.

1808. **France**. Création de l'Université. — Occupation de Rome.

Napoléon, sans aucune provocation occupe par trahison les principales places fortes de l'Espagne. Guet-apens de Bayonne (*avril*). Joseph Bonaparte, roi d'Espagne. Murat, roi de Naples.

Le peuple espagnol, dans un sublime élan de patriotisme, se soulève tout entier. Quoique il soit privé de gouvernement, dépourvu de généraux, quoique enfin ses places fortes soient pour la plupart occupées, il soutient la lutte avec opiniâtreté et souvent avec succès.

25000 Français capitulent à Baylen (*20 juillet*). Junot capitule à Cintra (*30 août*). Les Français sont rejetés sur l'Ebre.

Entrevue d'Erfurth entre Napoléon et Alexandre (*oct.*).

Napoléon entre en Espagne avec des forces énormes. — Victoire de Tudela.

Russie. Alexandre prend la Finlande, qui conserve sa constitution.

1809. **Espagne**. Les Anglais, poursuivis en Galice par des forces très-supérieures, échappent à Napoléon, qui revient en France aussitôt.

Résistance héroïque de Saragosse défendue par Palafox.

France. Désastre maritime à l'île d'Aix.

Allemagne. Cinquième coalition. Napoléon combat l'archiduc Charles en Autriche. Bataille des cinq jours. Seconde prise de Vienne (*13 mai*). Échec d'Aspern-Essling (mort de Lannes). Lefebvre réprime l'insurrection du Tyrol, dirigée par André Hofer, qui est fusillé. — *Tugendbund.*

Victoire de Wagram (*6 juillet*). Traité de Vienne.

Italie. Napoléon décrète l'annexion des états romains (*17 mai*). Le pape est enlevé à Rome et incarcéré à Savone, où il sera durement persécuté.

Espagne. Soult est chassé du Portugal et de la Galice par l'habile Wellington.

Campagne de Talavera, où Wellington, mal secondé par le général espagnol Cuesta, triomphe de Joseph (*28 juillet*).

L'expédition des Anglais à l'île de Walcheren est pour eux un échec complet.

1810. **France**. Napoléon, qui vient de divorcer, épouse Marie-Louise, fille de l'empereur d'Autriche.

Les Anglais nous enlèvent successivement le Sénégal, la Guadeloupe, l'île de France. — Ils empêchent Murat de débarquer en Sicile.

Louis Bonaparte, roi de Hollande, abdique. — L'annexion de la Hollande, du Valais, des villes hanséatiques, amènera la rupture avec la Russie.

Disgrâce de Fouché. — Les prisons d'Etat. — Code pénal. — Prix décennaux. — « Excès et folies » du blocus continental.

Espagne. Wellington, qui s'est fortifié à Torrès-Védras, bat Masséna à Busaco, et Soult à Albuera. — Fuentès de Onoro. — L'armée française affamée, est réduite au brigandage.

Suède. Bernadotte, nommé prince royal de Suède, se fait protestant et prête serment.

France. Annexion d'Oldenbourg. — Naissance du roi de Rome. — Concile national. — La presse est presque supprimée.

Haïti. Etablissement d'une royauté nègre.

1812. **Espagne**. Les Cortès publient à Cadix la Constitution de 1812. Wellington gagne sur Marmont la bataille décisive de Salamanque, et se retire dans le Portugal.

France et Russie. Fatale expédition de Russie. Napoléon conduit six cent mille hommes. Bataille de Ostrowno, Mohilew. Prise sanglante de Smolensk. Bataille de la Moskowa. Partout les Russes privent notre armée de ressources en dévastant et incendiant le pays.

Entrée de Napoléon à Moscou, le 15 sept. Le gouverneur Rostopchin incendie la ville.

Napoléon, malgré l'approche de l'hiver, perd quatre semaines sur les ruines de Moscou. Le 19 octobre, commence cette effroyable retraite à travers des plaines immenses et couvertes de neige. Le froid s'élève le 7 novembre. — Désastre de la Bérézina (*23-29 nov.*). Napoléon part incognito le 5 décembre — 28° au dessous de zéro. Famine. Les 40.000 hommes qui peuvent encore marcher arrivent dénués de tout, à Posen, le 16 janvier 1813.

A Paris, la conspiration de Mallet (*23 oct.*) a été sur le point de réussir.

1813. Frédéric-Guillaume s'adresse au patriotisme de tous les Allemands.

La Suède se joint à la coalition.

Campagne de Napoléon en Allemagne, avec des conscrits et sans cavalerie. Batailles de Weissenfels, Lutzen, Bautzen. Congrès de Prague, 5 juillet, inutile par la faute de Napoléon.

Cependant, en Espagne, Joseph a dû quitter Madrid. Désastre de Vitoria.

L'Autriche, puis la Saxe et le Wurtemberg se joignent aux alliés. Bataille de Dresde. Désastre de Leipsick (18 oct.). Triste fin de Poniatowski. — Défection des Bavarois.

Les Prussiens rétablissent la maison d'Orange en Hollande; Napoléon reconnaît Ferdinand VII roi d'Espagne (Traité de Valençay).

Napoléon dissout le corps législatif.

1814. **France**. Première invasion.

Blucher passe le Rhin à Manheim; Bernadotte pénètre par la Belgique; Wellington par la Bidassoa.

Campagne de France. Combats de Champ-Aubert, Montmirail, Château-Thierry, et surtout de Montereau. — Napoléon rejette follement les propositions du congrès de Chatillon. — Batailles de Craonne, d'Arcis-sur-Aube, des Buttes Chaumont. — Paris capitule le 31 mars.

Le sénat impérial vote le 3 avril la déchéance de Napoléon, qui abdique le 6. Le sénat appelle au trône Louis XVIII. Napoléon conserve l'île d'Elbe.

Soult gagne sur Wellington la victoire stérile de Toulouse.

23 avril. Talleyrand et le comte d'Artois livrent aux alliés 53 places fortes et toute la flotte.

2 mai. Déclaration de St-Ouen. — *30 mai*. Traité de Paris. — *4 juin*. Charte *octroyée* par Louis XVIII. — *1er nov*. Ouverture du Congrès de Vienne.

Suède. Elle échange la Poméranie contre la Norvége, qui conservera une constitution spéciale.

Espagne. Ferdinand VII refuse de jurer la Constitution

de 1812, dissout les Cortès, **rétablit** l'inquisition. — **Le** Mexique se déclare indépendant.

1815. **France**. Napoléon quitte l'île d'Elbe, le 26 février.

Il débarque à Cannes le 1er mars, arrive à Lyon le 10 (*Cent jours* depuis le 10 mars jusqu'au 22 juin), à Paris, le 20. Défection de Labedoyère et de Ney.

Le congrès de Vienne déclare Napoléon ennemi et perturbateur du monde, malgré ses assurances pacifiques. — Napoléon organise son armée.

22 avril. Acte additionnel. — *1er juin*. Champ de mai.

Nouvelle insurrection de Vendée promptement étouffée.

8 juin. Confédération germanique : l'acte fédéral oblige les princes à donner des constitutions à leurs peuples.

9 juin. Clôture du congrès de Vienne.

Campagne de Belgique. — *16 juin*. Batailles des Quatre-Bras et de Ligny. — *18 juin*. Désastre de Waterloo.

22 juin. Napoléon abdique.

Seconde invasion. Paris capitule le 5 juillet. — Seconde restauration due à Fouché. — Napoléon part pour Ste-Hélène le 7 août.

Terreur blanche. Chambre *introuvable*. Ministère Richelieu.

14 sept. Sainte alliance

20 nov. Traité de paix.

6 déc. Condamnation du maréchal Ney ; il est exécuté le lendemain.

18 déc. Loi électorale.

Constitution des Pays-Bas, de la Prusse, de la Pologne.

1816. **France**. Abolition du divorce. — Le roi dissout la chambre introuvable. Il destitue Châteaubriand.

Angleterre. Expédition contre les pirates d'Alger.

Amérique du sud. Indépendance de la Plata en 1817, du Chili (général St-Martin) ; en 1819, de Venezuéla et de la Nlle Grenade (Bolivar) ; en 1821, du Pérou ; en 1823, de Guatemala ; en 1822, du Mexique ; en 1828, de Montévidéo.

1818. **France**. *10 déc*. Libération du territoire. — Retraite spontanée du ministère Richelieu. Le ministère Decazes lui succède.

Création de la Caisse d'épargne.

Suède et Norvége. Avénement de Bernadotte (Charles XIV).

1820. **Angleterre**. Avénement de Georges IV.

France. Assassinat du duc de Berry par Louvel. — Naissance du duc de Bordeaux (comte de Chambord). — Conspirations nombreuses.

Espagne. Une insurrection générale oblige Ferdinand VII à jurer la constitution de 1812, et à expulser les jésuites.

Les peuples des Deux-Siciles et du Portugal forcent de même leur souverain à accepter la constitution espagnole et à expulser les jésuites.

Autriche. Congrès de Troppau entre les signataires du traité de la Ste Alliance, pour réprimer les insurrections libérales.

1821. **Italie**. L'armée autrichienne envahit le Piémont et les Deux Siciles; elle fait abolir la constitution de 1812, et rappeler les jésuites. Cruautés nombreuses contre les libéraux.

France. Mort de Napoléon à Ste-Hélène (5 Mai). Ministère ultra-royaliste de Villèle.

Turquie. Début de l'insurrection grecque. Alexandre et Démétrius Ypsilanti.

1822. **Brésil**. Les Cortès brésiliennes se déclarent indépendantes. Don Pedro, fils du roi de Portugal, est empereur constitutionnel.

France. Conspirations et émeutes très-nombreuses. Exécutions et persécutions. Conspiration des quatre sergents de la Rochelle, de Berton, de Caron, etc. Carbonari. — Suppression de l'école de médecine, de l'école normale, de plusieurs cours.

Italie. Congrès de Vérone (20 septembre).

Turquie. La Grèce continue la guerre. Ali pacha de Janina assassiné par les Turcs. Les Grecs Mavrocordato et Canaris.

1823. **France**. Louis XVIII envahit l'Espagne pour détruire sa constitution.

Violents débats à la Chambre. Le député Manuel est expulsé par la force. L'injuste guerre d'Espagne se termine par la prise de Cadix. Nombreuses cruautés des royalistes.

Turquie. Incendie de Constantinople.

Guerre de Grèce; dévouement de Marcos Botzaris. Lord Byron en Grèce.

1824. **France**. Retraite de Châteaubriand. — Mort de Louis XVIII (16 sept.). Charles X lui succède.

Portugal. Révolte de Don Miguel contre son père Jean VI.

1825. **Amérique du sud**. Le Pérou supérieur se sépare du gouvernement de Lima (président Sucre) sous le nom de Bolivie (Bolivar). — Guerre terrible entre le Brésil et Buénos-Ayres.

France. Un milliard aux émigrés. — Loi des sacrilèges. Conversion des rentes. — Sacre du roi. — Mort du général Foy.

Italie. Le roi de Piémont ne permet d'apprendre à lire qu'à ceux qui possèdent 1500 livres. — Il livre l'enseignement aux jésuites.

Russie. Mort du czar Alexandre. Son frère Nicolas est moins libéral.

1826. **France**. Prédications en plein vent. — Loi sur les substitutions. Loi « *vandale* » sur la presse.

Portugal. Mort de Jean VI. Don Pedro transmet sa couronne à sa fille dona Maria. Don Miguel se révolte. La guerre est entretenue par l'Angleterre.

1827. **Turquie**. La France, l'Angleterre et la Russie se déclarent pour la Grèce. Victoire de Navarin.

Angleterre. Mort du premier ministre Channing. — Wellington (tory) lui succède.

France. Dissolution de la chambre. — Emeutes. — Chemin de fer de St-Etienne.

1828 **France**. Retraite du ministère Villèle. — Cabinet Martignac. — Elections libérales.

1829. **Allemagne**. Union douanière (*zollverein*) des états allemands.

Angleterre. L'émancipation des catholiques, refusée depuis 25 ans, est enfin votée et sanctionnée.

Turquie. Le traité d'Andrinople reconnait l'indépendance grecque et l'organisation de la Roumanie.

France. L'adresse votée par 221 députés opposants. — Ministère Polignac.

Portugal. Barbaries abominables de Don Miguel.

1830. **France**. *16 mai*. Chambre dissoute.

25 mai. Départ de Bourmont et Duperré contre Alger, qui capitule le 5 juillet.

Elections hostiles au ministère. — *25 juillet*. Le roi signe les trois ordonnances inconstitutionnelles de juillet. — *27, 28 et 29 juillet*. Révolution à Paris.

Le roi abdique en faveur du duc de Bordeaux. — Les deux chambres offrent le trône à Louis-Philippe, duc d'Orléans. — Ministère Laffitte. — Les ministres de Charles X condamnés à la détention perpétuelle.

Saint-Simoniens.

Débat zoologique entre Cuvier et Etienne Geoffroy St-Hilaire.

Allemagne. Contre-coup de la révolution de juillet : des insurrections nombreuses éclatent.

Espagne. Abolition de la loi salique. — Protestation de don Carlos, frère du roi.

Pays-Bas. Après la révolution de France, la Belgique se soulève et se rend indépendante. — Conférence de Londres.

Pologne. Insurrection générale. — 150,000 insurgés. — Clopicki ; Lelevel ; Czartoriski ; — Varsovie sera reprise par les Russes en septembre 1831.

1831. **Belgique**. Le congrès offre la couronne au duc de Nemours ; Louis-Philippe refuse. — Léopold de Saxe-Cobourg est élu et reconnu par la Conférence de Londres. — Il épousera en 1832, la princesse Louise, fille de Louis-Philippe.

Italie. Insurrections nombreuses réprimées par les Autrichiens, malgré les protestations de la France.

Portugal. Querelle du cruel et clérical don Miguel et de dona Maria, fille de son frère Pedro. Elle se terminera par la défaite de don Miguel en 1837. L'amiral Roussin prend les vaisseaux portugais à l'embouchure du Tage.

France. Ministère Casimir Périer. — Sanglante insurrection de Lyon.

1832 **Grèce**. La conférence de Londres propose pour roi Othon, fils du roi de Bavière. Les Grecs lui imposent une constitution.

Belgique. Les Hollandais sont repoussés par l'armée française.

Angleterre. Réforme électorale

France. Réforme du code pénal. — Choléra. — La duchesse de Berri arrêtée en Vendée. — Ministère de MM. Thiers et Guizot.

Turquie. Succès d'Ibrahim, fils du vice-roi d'Egypte contre le grand vizir Reschid Pacha. — La Russie s'alliera à la Turquie; — la France et l'Angleterre, à Méhémet Ali, vice-roi d'Egypte.

1833. **Espagne**. Avénement de Isabelle II, âgée de 4 ans; régence de Marie Christine. Ministère de Zéa Bermudès. — L'insurrection des Carlistes ne sera étouffée qu'en 1840.

Portugal. Situation analogue à celle de l'Espagne. Le capitaine anglais Napier soutient dona Maria.

France. Loi d'instruction primaire. — Coalition d'ouvriers.

1834. **France**. Insurrections en avril, dans plusieurs villes de France.

Italie, Mazzini dirige sans résultat l'armée de la *Jeune Italie*.

1836. **France**. Tentative d'insurrection et assassinat

commis par Louis Napoléon Bonaparte à Strasbourg. — Ministère Molé.

Portugal. Septembristes libéraux et chartistes.

1837. **Angleterre**. Avénement de Victoria. — Le Hanovre est séparé de la monarchie anglaise. — Crise commerciale; misère. — Révolte des Franco-Canadiens.

France. Le maréchal Bugeaud soumet Abd-el-Kader; prise de Constantine. — Exploration de Dumont d'Urville sur l'*Astrolabe*. — Télégraphe électrique.

1839. **France**. Tremblement de terre à la Martinique. — Émeute à Paris (12 mai). — Ministère Soult.

Angleterre. Guerre de Chine (opium).

Turquie. Réformes libérales promises par le sultan.

1840. **Angleterre**. Mariage de la reine Victoria avec le prince de Saxe Cobourg Gotha.

Egypte. Combattu par l'Angleterre, le vice-roi Mehemet-Ali perd la Syrie; la France lui est favorable, mais ne le soutient point.

France. Ministère de M. Thiers. — Translation des restes de Napoléon. — Échauffourée de Louis-Napoléon à Boulogne.

Ministère de Soult et de M. Guizot.

Suède. Nouvelle constitution très-libérale.

1841. **Turquie**. Traité des détroits.

Angleterre. Chute du ministère whig (Palmerston); Rappel de Robert Peel. — Nouvelle guerre de Chine. — Désastres dans l'Afghanistan. — Population, 27 millions.

Espagne. Les cortès nomment Espartero, régent.

France. Fortifications de Paris. — Population du pays, 34 millions.

1842. **France**. Rejet de la réforme électorale. — Loi sur les chemins de fer. Mort déplorable du duc d'Orléans. Occupation des îles Marquises, et en 1843, des îles de la Société.

1844. **Angleterre**. Condamnation d'O'Connel, défenseur des libertés de l'Irlande.

France. Bombardement de Tanger. — Victoire de l'Isly, en Algérie.

1845. **Espagne**. Ministère Narvaez. Constitution moins libérale. — Concordat.

Etats-Unis. Annexion du Texas. — Brigham-Young chef des Mormons.

1846. **Etats-Unis**. Guerre avec le Mexique, (général Santa Anna). Elle se terminera en 1848 par la vente du Texas et de la Nouvelle Californie aux Etats-Unis.

1847. **France**. Prise d'Abd-el-Kader. — Crise des subsistances. — Condamnation du ministre Teste. — Banquets réformistes.

1848. **France**. Révolution du 24 fév. Rétablissement de la République. Gouvernement provisoire.

4 mai. Ouverture de l'Assemblée Constituante.

15 mai. Envahissement de l'Assemblée.

23 juin. Dissolution des ateliers nationaux. **Insurrection et répression sanglantes.**

12 novembre. Fête pour la proclamation de la Constitution.

27 novembre. Le gouvernement offre au pape sa protection.

10 décembre. Élection de Louis Napoléon Bonaparte à la présidence; il prête serment à la constitution républicaine.

Italie. Le peuple obtient des constitutions libérales dans les Deux-Siciles, le Piémont, les Etats pontificaux. Guerre des Sardes et des Lombards contre l'Autriche. — Manin dirige la république vénitienne. — Le pape quitte Rome.

Allemagne. Retentissement de la révolution de Paris. Assemblée constituante germanique. Révolutions à Vienne et à Berlin. Affranchissement passager de la Hongrie et de la Bohême. — La révolte des Lombards et des Vénitiens est soutenue par Charles Albert, roi de Sardaigne (batailles de Rivoli, Custozza, San Donato).

Révolte à Cracovie. Révolte des Croates. — Vienne, révoltée une seconde fois, est bombardée et prise. — Abdication de Ferdinand Ier en faveur de son petit-neveu François Joseph.

Etats-Unis. Annexion de la Californie, où l'on découvre des mines d'or.

1849. **Allemagne**. Le parlement établit le suffrage universel; offre l'empire au roi de Prusse qui refuse. — Insurrections en Saxe, à Bade, en Bavière, en Wurtemberg en faveur de la constitution allemande.

Autriche. Héroïque révolte de Hongrie dont Kossuth est président provisoire. Il est écrasé par l'Autriche et la Russie alliées contre lui. — Exécutions nombreuses.

France. Assemblée législative. — Choléra. — L'expédition inconstitutionnelle contre la république romaine excite des insurrections sanglantes à Paris et à Lyon. Ministère impérialiste.

Italie. Les Autrichiens écrasent les Italiens à Novare. Charles Albert abdique en faveur de Victor Emmanuel. — Fin des républiques de Florence, de Rome et de Venise.

Egypte. Mort de Méhémet Ali.

1850. **Allemagne**. Réaction monarchiste dans tous les états.

Danemark. Guerre des duchés de Sleswig-Holstein.

France. La loi de M. de Falloux sur l'instruction publique est votée; elle est favorable au clergé. — Elections socialistes à Paris; la loi du 31 mai restreint le suffrage universel. — Loi rigoureuse sur la presse. — Mort de Louis-Philippe en Angleterre.

Suisse. Adoption du système métrique.

1851. **Angleterre**. Exposition Universelle. — Découverte des mines d'or de l'Australie.

France. Crime du 2 décembre. Arrestation des représentants. Massacres à Paris et dans les départements. Déportations nombreuses. — *20 décembre*. Plébiscite.

1852. **France**. Constitution du 14 janvier, analogue à celle de l'an VIII. — Confiscation des biens de la famille d'Orléans. — Candidats officiels. — Conversion de la rente.

Discours de Bordeaux. — Le sénatus-consulte du 4 novembre rétablit l'empire.

1853. **France**. Mariage de Napoléon III avec Mlle Eugénie Montijo.

Turquie. Guerre avec le Monténégro. Conférence de Vienne. — Guerre avec la Russie.

1854. *Guerre d'Orient*. La France et l'Angleterre se joignent à la Turquie. Débarquement à Eupatoria, en Crimée. — Victoire de l'Alma. — Siége de Sébastopol. Combat d'Inkermann.

Choléra en France et en Italie.

1855. *Guerre d'Orient*. La Sardaigne se joint aux alliés.

Prise du Mamelon Vert. — Prise de Malakoff et de Sébastopol (*8 septembre*). Dévouement de miss Nightingale. — Mort de l'empereur Nicolas.

Autriche. Concordat très-favorable au clergé.

1856. **France**. Le congrès de Paris termine la guerre d'Orient.

Abolition de la course. — Naissance du prince impérial. — Inondations.

Espagne. Ministère O'Donnel. — Rétablissement de la constitution de 1845.

1857. **Belgique**. Chute du ministère clérical.

France. Elections; cinq opposants seulement.

1858. **France**. La bombe d'Orsini. — Ministère Espinasse. — Loi de sûreté générale. — Rétablissement des titres de noblesse.

Italie. Affaire Mortara.

1859. *Guerre d'Italie*. (*avril-juillet*) Batailles de Montebello, Magenta, Solférino. — Préliminaires de Villafranca; traité de paix de Zurich.

Angleterre. Ministère whig Russell, Palmerston et Gladstone.

1860. **Italie**. Cession à la France de Nice et de la Savoie. Conquête des Deux Siciles par Garibaldi. — Unité de l'Italie. Les États pontificaux sont hostiles au pape qui perd une partie de son territoire malgré La Moricière.

France. Traité de commerce avec l'Angleterre (Richard Cobden). — Expédition de Syrie. — Expédition de Chine.

États-Unis. Élection de Lincoln à la présidence.

1861. **Prusse**. Mort de Frédéric Guillaume IV. Avénement de son frère Guillaume V.

États-Unis. Guerre de sécession. Lincoln, président du nord à Washington; Jefferson Davis, président du sud à Richmond. Généraux fédéraux (du nord) : Mac Dowell, Butler, Mac Clellan, Grant ; — Généraux confédérés (sud) : Beauregard, Johnston, Lee. — Bataille de Menessas.

Italie. Mort du ministre Cavour.

Pologne. Manifestation polonaise.

1862. **Prusse**. Avènement du ministre Bismarck.

États-Unis. Victoire des confédérés à Corinth, à Farmington.

Grèce. Chute du roi Othon.

Italie. Ministère Ratazzi. Les brigands de la Calabre soutiennent la cause des Bourbons.

France. Début de l'expédition du Mexique.

1863. **États-Unis**. Grant prend Jackson et Wicksbourg. Victoires des fédéraux à Carlisle, à Gettysbourg et à Chattanooya. Déprédations du corsaire l'*Alabama*.

France. Élections générales. 15 opposants.

Expédition du Mexique. Prise de Puebla (17 mai). Prise de Mexico (10 juin).

Grèce. Election du roi George, prince danois.

Russie. Insurrection polonaise. Cruautés exercées par les généraux russes de Berg et Mouravieff.

1864. **Danemark**. Le prince prussien Frédéric Charles prend d'assaut les redoutes de Duppel et envahit les duchés. Traité de Vienne (30 oct.) qui démembre le Danemark.

Etats-Unis. Bataille de six jours sur le Wilderness; le confédéré Lee est battu.

Ferragut commande l'escadre fédérale. — Les confédérés battus à Eastpoint.

France. Inique condamnation des *treize*. — Insurrection algérienne.

Mexique. Maximilien, empereur du Mexique, menace de mort les partisans de Juarez.

Italie. Convention du 15 sept. avec la France (occupation de Rome). — Le pape publie l'Encyclique et le *Syllabus*.

1865. **Allemagne**. Convention de Gastein entre la Prusse et l'Autriche pour l'administration des duchés conquis.

États-Unis. Batailles très-sanglantes. Le fédéral Sheridan, vainqueur à Charlottesbourg, est battu à Pétersbourg par Lee, puis vainqueur aux Cinq-Fourches. Capitulation de l'armée confédérée (9 avril). La guerre est terminée. Assassinat de Lincoln. Johnson, qui lui succède, entrera en lutte avec le congrès.

1866. **Prusse et Autriche**. Guerre à propos des duchés malgré les chambres prussiennes. — La Diète se prononce pour l'Autriche (général Benedeck); l'Italie (général La Marmora) s'allie à la Prusse.

Les **Italiens** battus à Custozza; les Prussiens vainqueurs à Gitschin, à Trautenau et surtout à Sadowa (3 juillet).

La flotte italienne est complètement battue à Lissa.

Traité de Prague. — Annexions et contributions imposées aux alliés de l'Autriche.

Autriche. Kossuth appelle les Hongrois à la révolte; l'empereur leur promet un ministère responsable. Transaction acceptée par MM. Deak, Andrassy, etc.

Ministère de M. de Beust.

Mexique. Evacuation par les Français.

Roumanie. Expulsion du prince Couza; élection du prince prussien Charles.

1867. **Allemagne.** Nouvelle constitution fédérale imposée par la Prusse.

France. Lettre impériale du 19 janvier. — Interpellation de MM. Jules Favre, Thiers, etc. — Exposition universelle. — Famine affreuse en Algérie.

Affaire du Luxembourg.

Mexique. Triomphe de Juarez. Exécution de Maximilien (19 juin).

Italie. Expédition de Garibaldi contre le pape. Combats de Monte-Libretti, Monte-Rotondo. Le gouvernement français intervient : combat de Mentana.

Turquie. Insurrection des Crétois. Le vice-roi d'Egypte prend le titre pompeux de Khédive (seigneur).

Suisse. Congrès des travailleurs à Lausanne. — Congrès de la paix à Genève.

1868. **Angleterre**. Discussion sur l'église d'Irlande. — Ministère whig (Gladstone, Granville, etc.). — Guerre d'Abyssinie.

Autriche. Réforme du concordat malgré le pape. — Instruction publique.

Espagne. Révolution de Septembre. Topete, Serrano, Prim. Chute de la reine Isabelle. — Insurrection de Porto-Rico et de Cuba.

France. Pâles réformes libérales. — Procès de l'*Internationale*. La France refuse d'évacuer Rome.

1869. **Prusse**. Les chambres demandent le désarmement général; le roi refuse.

Espagne. Serrano, régent. Insurrection carliste.

États-Unis. Le général Grant est élu président.

France. Élections générales. Scandales de la pression administrative; massacre de Ricamarie. Mort du maréchal Niel.

Italie. Abolition de la loi qui exemptait du service militaire les jeunes gens destinés à l'église.

Japon. Abolition du pouvoir féodal des *daïmios*.

Portugal. Abolition de l'esclavage.

Egypte. *17 nov.* Inauguration du canal de Suez, auquel travaillent depuis dix ans des ingénieurs français.

1870. **Belgique.** Triomphe du parti catholique. Démission du cabinet Frère-Orban.

Espagne. Insurrection à Barcelone. — Adoption du mariage civil. — Efforts longtemps inutiles pour trouver un roi. Le 7 nov., Amédée, duc d'Aoste, est élu roi. — Prim meurt assassiné le 30 décembre.

Italie. Concile œcuménique du Vatican.

Ouvert en déc. 1869, il dure jusqu'au 20 oct. 1870. Il confirme le *syllabus*, et vote à une très-grande majorité l'infaillibilité du pape, dogme obligatoire pour tous les catholiques.

La France retire la garnison de Rome dès que la guerre est déclarée. Le 11 sept., les Italiens pénètrent sur le territoire pontifical, le 20, ils sont à Rome. Le 2 oct., les Romains votent l'annexion presque à l'unanimité.

25 déc. Inauguration du tunnel du Mont-Cenis.

France. *2 janv.* Cabinet parlementaire d'Em. Ollivier. — Haussmann destitué. — Pierre Bonaparte, coupable d'assassinat, est acquitté.

8 mai. Plébiscite. Malgré «l'activité dévorante» de tous les agents, un million et demi d'opposants.

Guerre franco-allemande. — *4 juillet.* On apprend l'acceptation du trône d'Espagne par le prince de Hohenzollern. — *15 juill.* Le gouvernement demande la guerre sous prétexte d'un outrage fait à notre ambassadeur, et refuse de communiquer les dépêches. — Discours de MM. Jules Favre et Thiers. Vote 159 contre 84. — *19 juill.* Déclaration de guerre. — *2 août.* Affaire de Saarbruck. — *4 août.* Défaite de Wissembourg. — *6 août.* Deux déroutes : 1° à Wœrth, 2° à Forbach. — *14-18 août.* Batailles de Borny, de Gravelotte, de St-Privat. — *30 août.* — Bataille de Beaumont. — *31 août.* Bataille de Ste-Barbes sous Metz. — *1er sept.* Désastre de Sedan.

4 sept. Proclamation de la République; Gouvernement de la défense nationale. — *6 sep.* Déclaration de M. Jules Favre. — Mission de M. Thiers. — *19 sept.* Entrevue de Ferrières. — Déroute de Châtillon. Paris est investi.

28 sept. Strasbourg capitule après 37 jours de bombardement.

7 oct. M. Gambetta se rend à Tours en ballon. — *10 oct.* Bataille d'Artbenay; prise d'Orléans. — *18 oct.* Défense héroïque de Châteaudun. — *27 oct.* Capitulation de Bazaine.

M. Thiers à Versailles. — *31 oct.* Insurrection à Paris. Les Prussiens refusent l'armistice qu'ils avaient d'abord accepté. — La Russie dénonce le traité de 1856.

10 nov. Victoire de Coulmiers (Aurelles de Paladines). Reprise d'Orléans. Garibaldi dans l'Est. — *30 nov.- 2 déc.* Bataille de Champigny sous Paris. — *2-5 déc.* Orléans perdu à nouveau. — La délégation de Tours se transporte à Bordeaux. — *18 déc.* Bataille de Nuits. — 21 *déc.* Attaque inutile du Bourget, sous Paris. — 22 *déc.* L'astronome Janssen quitte Paris en ballon pour observer une éclipse. — 23 *déc.* Combat de Pont-Noyelles (Somme).

1871. 5 *janv.* Bombardement de Paris, sans sommation ; il durera 21 jours. — 2-3 *janv.* Victoire de Bapaume (Faidherbe contre Gœben). — 8-12 *janv.* Défaite du Mans. — 15-17 *janv.* Bourbaki échoue à Belfort. Il sera rejeté en Suisse le 29 janv. — 18 *janv.* Le roi de Prusse prend le titre d'empereur d'Allemagne. — 19 *janv.* Défaite de St-Quentin. — Sous Paris, défaite de Buzenval. — 28 *janv.* Capitulation de Paris ; armistice.

8 *fév.* Élection de l'Assemblée nationale. — 28 *fév.* Acceptation des préliminaires de paix. Déchéance de Napoléon III et de sa dynastie, votée presque à l'unanimité.

Arts et sciences. Les premières années du siècle présent, furent, au point de vue intellectuel, d'une remarquable stérilité. La France notamment, abaissée par les effroyables guerres qu'elle étend sur toute l'Europe, et avilie par le despotisme, se laisse entièrement absorber par l'esprit militaire. Les seuls écrivains de cette triste époque sont des exilés et des proscrits (Châteaubriand, Mme de Staël, Joseph de Maistre, etc.).

Sous la Restauration, la paix, si troublée qu'elle fût par les efforts de la tyrannie, produit rapidement des savants et des écrivains. Ce glorieux relèvement atteint toute sa grandeur après 1830, lorsqu'à la sécurité que procure la paix, vint se joindre l'espoir de la liberté. L'observation et l'expérience donnent alors à toutes les sciences un essor inattendu. Plusieurs d'entre elles reçoivent à ce moment leurs premiers fondements (géologie, paléontologie ; un peu plus tard linguistique, démographie, préhistoire, etc.); toutes acquièrent une précision et une étendue extraordinaires. Bientôt la classification et la synthèse des sciences deviennent possibles grâces aux travaux de Saint-Simon, de Pierre Leroux, de Jean Reynaud et d'Auguste Comte.

Les historiens empruntent aux savants cette précision rigoureuse si féconde en résultats. Ils recourent aux sources mêmes de l'histoire, contrôlent les opinions reçues et les modifient souvent. L'histoire devient une science, au lieu d'être un exercice littéraire.

Enfin, les écrivains et les artistes quittent également les voies suivies par leurs prédécesseurs, et la jeune école *romantique*, sans atteindre toujours à la pureté ni à la dignité classiques, jette pendant longtemps un grand éclat.

La période de 1830 à 1851 est, au point de vue littéraire et scientifique, une des plus glorieuses de l'histoire de la France. Le crime du 2 décembre arrête subitement cette magnifique évolution. Le sceptre des sciences passe à des mains étrangères : la chimie, la physique, l'anatomie sont cultivées en Allemagne ; la géologie, la philosophie et la littérature, en Angleterre. En France, les fortes intelligences semblent plus rares et surtout moins ardentes au travail. Le régime impérial est aidé dans cette œuvre d'abaissement par le catholicisme, qui regagne dans les esprits l'influence que le développement des sciences lui avait fait perdre, et quand la France est enfin délivrée des scélérats qui la dominaient, elle se retrouve à moitié cléricale.

PEINTRES (1). Isabey (*miniatures*) ; Géricault, Girodet, Gérard, Gros, Guérin, Lethière, Sigalon, Léopold Robert, Horace Vernet, Decamps, Paul Delaroche, Muller, Ingres, Eug. Delacroix, Ary Scheffer, Hipp. Flandrin, le paysagiste Corot, Pils, Henri Régnault, l'italien Camuccini, le

(1) Autant que possible, on s'est efforcé de ne pas citer les personnages vivants.

paysagiste Norvégien Gude, l'allemand Kaulbach (*fresques*), le belge Vierts, les caricaturistes français Charlet, Daumier et Gavarni.

SCULPTEURS : Pradier, Cartellier, David d'Angers, Rude, Duret, Bosio, Roman ; le suédois Fokelberg, l'allemand Rauck. — ARCHITECTES : Fontaine, Percier, Duban, Brongniart, Duc, Letarouilly.

COMPOSITEURS DE MUSIQUE : En Italie, Mattei, Rossini, Bellini, Donizetti. — En France, Boieldieu, Hérold, Nicolo, Ad. Adam, Auber, Halévy, Félicien David, l'italien Cherubini, l'allemand Meyerbeer, le polonais Chopin. — En Allemagne, Schubert, Schumann, Weber, Mendelsohn.

POÈTES : En France, le chansonnier Béranger et ses imitateurs Desaugiers, Malesville, Pierre Dupont. Marie Joseph Chénier ; Casimir Delavigne (*comédies et tragédies*) ; Alfred de Vigny ; Lamartine (*méditations, harmonies, etc.*) ; M. Victor Hugo (*odes, orientales, drames, etc.*) ; Théoph. Gauthier ; Barthélemy et Mery (*Némésis*) ; Aug. Barbier (*iambes*) ; Alfred de Musset, Hégésippe Moreau (*Myosotis*) ; Ponsard (*tragédies*). — En Espagne, Moratin.

En Allemagne : Gœthe, Kœrner, Schlegel, H. Heine.

En Angleterre : lord Byron, Shelley, Thomas Moore. — En Russie, Pouchkine. — En Pologne, Mikewiez.

PROSATEURS : Laharpe (*Cours de littér.*) ; Marie Joseph Chénier, Mme de Staël, fille du ministre Necker (*l'Allemagne, l'Italie, etc.*). Châteaubriand (*les Chactas*, 1801 ; *Génie du Christianisme*, 1802 ; *René*, 1807 ; *les Martyrs*, 1809, etc.). Benjamin Constant, Paul-Louis Courier, (*Pamphlets*, 1820-25) ; Claude Tillier ; le journaliste Armand Carrel, Lamennais (*Paroles d'un Croyant etc.*). Scribe (*Comédies, opéras*), Dumersan. Les romanciers Balzac, Alexandre Dumas, Mme George Sand. Les critiques Villemain, Sainte Beuve, Saint Marc Girardin. Le professeur Edgard Quinet.

En Angleterre, les romanciers Walter Scott, Thackeray,

Ch. Dickens, miss Currer Bell. Henri Beyle (Stendhal) écrit aussi en français.

En Amérique, Fenimore Cooper, Mme Beecher Stowe, Edgard Poe.

Historiens. En France, Ségur (*Mémoires*); Beugnot (*Mémoires*); Sismondi (*hist. des Franç.*, 1821); Augustin et Amédée Thierry, Michelet, Mignet, Guizot (*hist. de la civilisat.*); Thiers, Salvandy, Barante, Théoph. Lavallée (*hist. des Franç.*); Louis Blanc; Chéruel. Caumont répand la passion de l'archéologie.

En Angleterre, Mackintosh, Macaulay.

En Allemagne, Otfried Muller (les Doriens, les Etrusques, 1828); Schlosser.

Philosophes : En France, Dupuis (*Orig. de tous les cultes* 1801); Maine de Biran, Laromiguière, Royer Collard. — Victor Cousin soutient l'eclectisme que Pierre Leroux réfute victorieusement. — Joseph Jacotot, fonde l'enseignement naturel; Auguste Comte crée la philosophie positive (1844).

En Angleterre, Miss Martineau, Stuart Mill, etc.

En Allemagne, Fichte, Hegel, Schelling, etc.

Economistes : L'anglais Ricardo, l'américain Jefferson, les français Jean-Baptiste Say (*tr. d'Econ. polit.*, 1803) Bonald, Proudhon (*de la Propriété*, 1844, *etc.*); l'allemand List (*Syst. nation. d'écon. polit.*, 1841); représentent des écoles très-différentes.

Le docteur Ach. Guillard crée la démographie; le docteur Villermé et l'astronome belge Quételet sont des démographes distingués.

Saint Simon, Robert Owen, Ch. Fourier; Enfantin, Cabet, Pierre Leroux, l'allemand Lassalle, fondent le socialisme.

Juristes. Les nouveaux codes suscitent une armée de commentateurs. En Allemagne, Savigny est un romaniste distingué.

Arts Mécaniques : Jacquart invente un métier à tisser. Oberkampf crée l'industrie des toiles peintes; Bramali invente ou perfectionne un grand nombre d'instruments; Benjamin Delessert perfectionne le raffinage du sucre, et acquiert une fortune considérable noblement employée à la culture des sciences naturelles; l'ingénieur Séguin invente les ponts suspendus, les chaudières tubulaires; Daguerre et Niepce de St-Victor inventent la photographie, etc. etc.

Mathématiciens et Astronomes : Laplace, Piazzi, Legendre (*Tr. de Géom.*); l'astronome Olbers, le probabiliste Lacroix, les géomètres Fourier, Puissant, Poisson et Sturm; enfin, l'excellent professeur François Arago.

Physiciens. Coulomb invente la balance de torsion; Dalton, Leslie étudient la chaleur; Biot, la lumière. Le danois Œrstedt découvre le principe du télégraphe électrique (1820) qu'inventera Ampère et que perfectionnera Morse; Gay Lussac se distingue à la fois comme physicien et comme chimiste. Dulong et Petit découvrent une loi qui porte leur nom. Fresnel étudie la lumière; Savart, l'acoustique; Melloni, la chaleur. L'ingénieux Léon Foucault invente des appareils précieux pour la physique et l'astronomie.

Chimistes : L'anglais Davy découvre les métaux alcalins, etc.; Thénard, le suédois Berzélius, l'anglais Faraday étudient la chimie minérale ; le vénérable M. Chevreul analyse les graisses; Laurent et Gerhard jettent les fondements de la théorie anatomique, renouvelée des Grecs.

Naturalistes : *Minéralogistes et Géologues.* Haüy jette les bases de la cristallographie; Buch (*Carte géol. de l'Allem.*); Cordier (*géol. de l'Egypte*); Brongniart, collaborateur de Cuvier; Elie de Beaumont (*géol. franc.; théorie des soulèvements*), assigne à chaque montagne son âge relatif; Beudant (*minér. hongr.*); Alex. de Humbold également distingué dans toutes les sciences; l'illustre anglais Lyell; le vicomte d'Archiac, Ch. d'Orbigny.

Botanistes : Paulet en France, Agarth et plus tard M. Elias Fries en Suède, étudient les cryptogames; Adrien de Jussieu et Pyrame De Candole continuent les œuvres de leurs pères.

Zoologistes : Lamarck imagine la célèbre théorie du transformisme (*Philos. zoolog.* 1819). — L'anatomiste Etienne Geoffroy Saint Hilaire (*Philos. anat.* 1818) soutient contre Cuvier un débat célèbre. L'allemand Blumenbach, les français Blainville et Serres étudient également l'anatomie comparée ; Isidore G. St-Hilaire poursuit pieusement les travaux de son illustre père (*Tr. de Tératologie*, etc.); Duméril étudie les poissons et les reptiles ; Alcide d'Orbigny fait connaître les foraminifères; le suisse Agassiz étudie aux Etats-Unis les poissons et les mollusques.

Paléontologistes : Cette science est fondée par Cuvier, qui décrit avec une perspicacité et une exactitude merveilleuses des animaux dont il ne possédait que quelques vestiges. — Ad. Brongniart étudie plus tard les végétaux fossiles. — Enfin Boucher de Perthes, en découvrant les haches de pierre de nos ancêtres, fonde la préhistoire et ouvre une voie nouvelle à l'anthropologie, dont le suédois Retzius venait d'entreprendre l'étude. — Les deux Champollion déchiffrent les hiéroglyphes égyptiens.

Linguistes : L'anthropologie est souvent dirigée par la linguistique; Bopp est le fondateur de cette science, dont Grimm en Allemagne, Max Müller en Angleterre, Burnouf et Lassen en France poursuivent les progrès.

Médecins : L'aliéniste Pinel; le chirurgien Dupuytren ; l'illustre Laënnec, en inventant l'art d'ausculter, donnent au diagnostic une exactitude précieuse; le chirurgien Boyer, l'anglais Ch. Bell, les français Bichat et Magendie et l'allemand Baer sont d'excellents physiologistes ; l'éloquent professeur Broussais; les médecins Chomel, Bretonneau et son élève Trousseau ; Rostan et Andral; les chirurgiens Blandin et Velpeau méritent de figurer à côté de ces noms illustres.

FIN

Paris. — Typ. Rinuy, rue Davy, 56.

PUBLICATIONS

DE LA

SOCIÉTÉ POUR LA PROPAGATION DE L'ÉDUCATION LIBRE

	PRIX
Rapport des délégués de la Société à l'Exposition universelle de Vienne	1 fr. »
Manuel chronologique	0 75

Se trouvent au siège de la Société, 25, rue Lepic.

SOUS PRESSE :

Anthologie des prosateurs français . . . . . .

Les Héros du Travail. — Jacquart. . .

» » » Daubenton . . . .

L'Éducation populaire à l'Exposition universelle de Philadelphie. Rapport du délégué de la Société . .

Typ. RINUY, rue Davy, 56, Paris.

www.ingramcontent.com/pod-product-compliance
Ingram Content Group UK Ltd.
Pitfield, Milton Keynes, MK11 3LW, UK
UKHW022059260726
13993UKWH00001B/212